インドホリック

インド一周一四二日間

旅音

初めてのインド、三度目のインド

インドの持つ吸引力は強烈だ。

「インド」という言葉が出ただけでたちまちその場の話題をがらっと変え、かの国に対するイメージとか知っていることを話したくなる衝動を起こさせる。ありとあらゆるものを含んでいるといっても過言ではないほどバラエティに富んだインドは、どんな人の心にもするっと入り込んで住み着き、どんどん興味を引いて気になる存在にのし上がっていくような、濃厚な個性を持っているように思う。

そんなおもしろそうな国にいつかはいってみたいと思いつつ、いずれ縁があれば足が向くだろうとインドに呼ばれるその日を待っていたのに、気がつけばそんな機会が巡ってくることもなく日常を過ごしてきたインド未体験の自分。

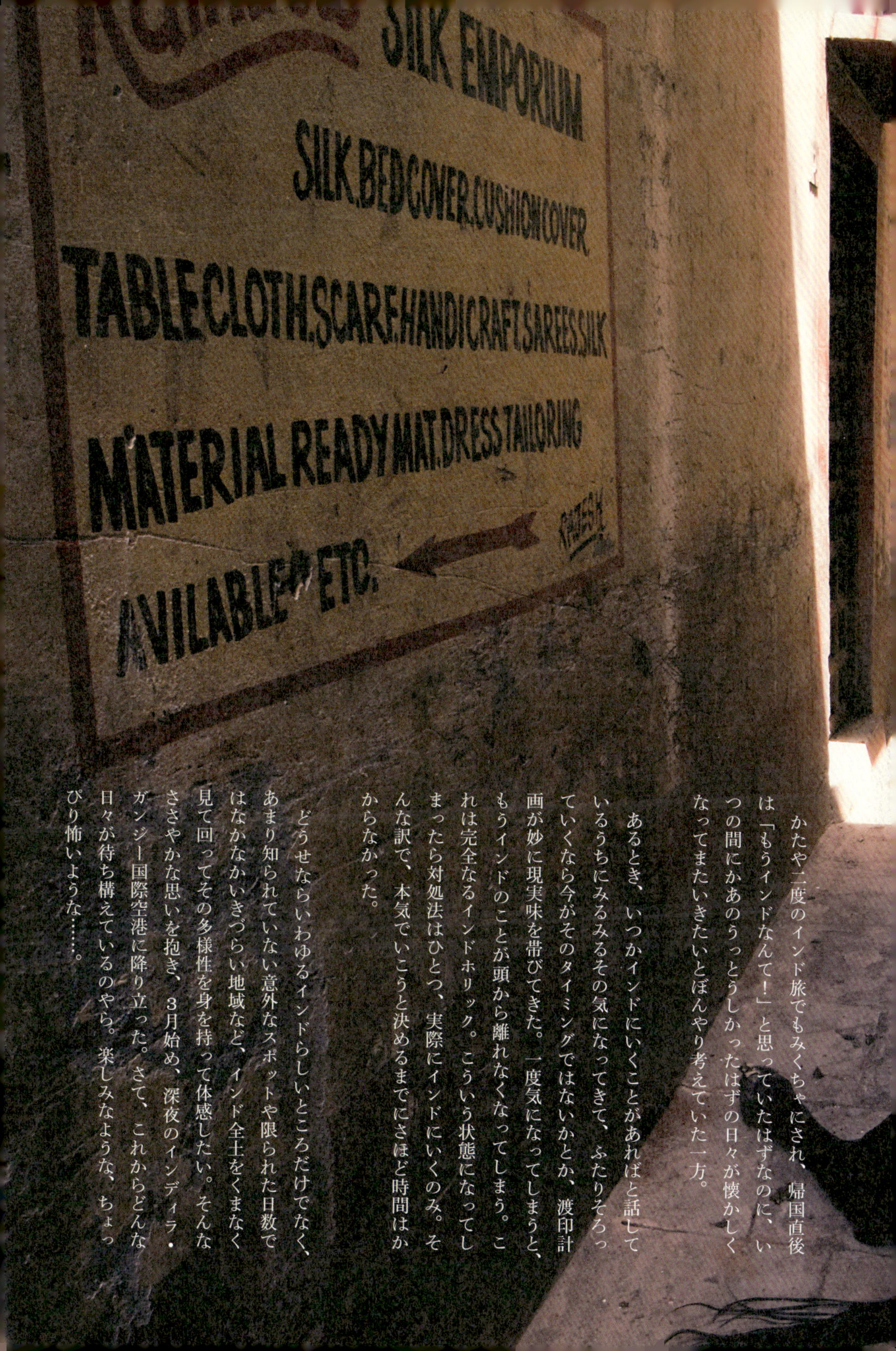

かたや二度のインド旅でもみくちゃにされ、帰国直後は「もうインドなんて！」と思っていたはずなのに、いつの間にかあのうっとうしかったはずの日々が懐かしくなってまたいきたいとぼんやり考えていた一方。

あるとき、いつかインドにいくことがあればと話しているうちにみるみるその気になってきて、ふたりそろっていくなら今がそのタイミングではないかとか、渡印計画が妙に現実味を帯びてきた。一度気になってしまうと、もうインドのことが頭から離れなくなってしまう。これは完全なるインドホリック。こういう状態になってしまったら対処法はひとつ、実際にインドにいくのみ。そんな訳で、本気でいこうと決めるまでにさほど時間はかからなかった。

どうせならいわゆるインドらしいところだけでなく、あまり知られていない意外なスポットや限られた日数ではなかなかいきづらい地域など、インド全土をくまなく見て回ってその多様性を身を持って体感したい。そんなささやかな思いを抱き、3月始め、深夜のインディラ・ガンジー国際空港に降り立った。さて、これからどんな日々が待ち構えているのやら。楽しみなような、ちょっぴり怖いような……。

もくじ／マップ

Afganistan
China
Pakistan
Delhi
Nepal
Bangla desh
INDIA
Myanmar
Sri Lanka

第1章 青の街と不可思議な階段

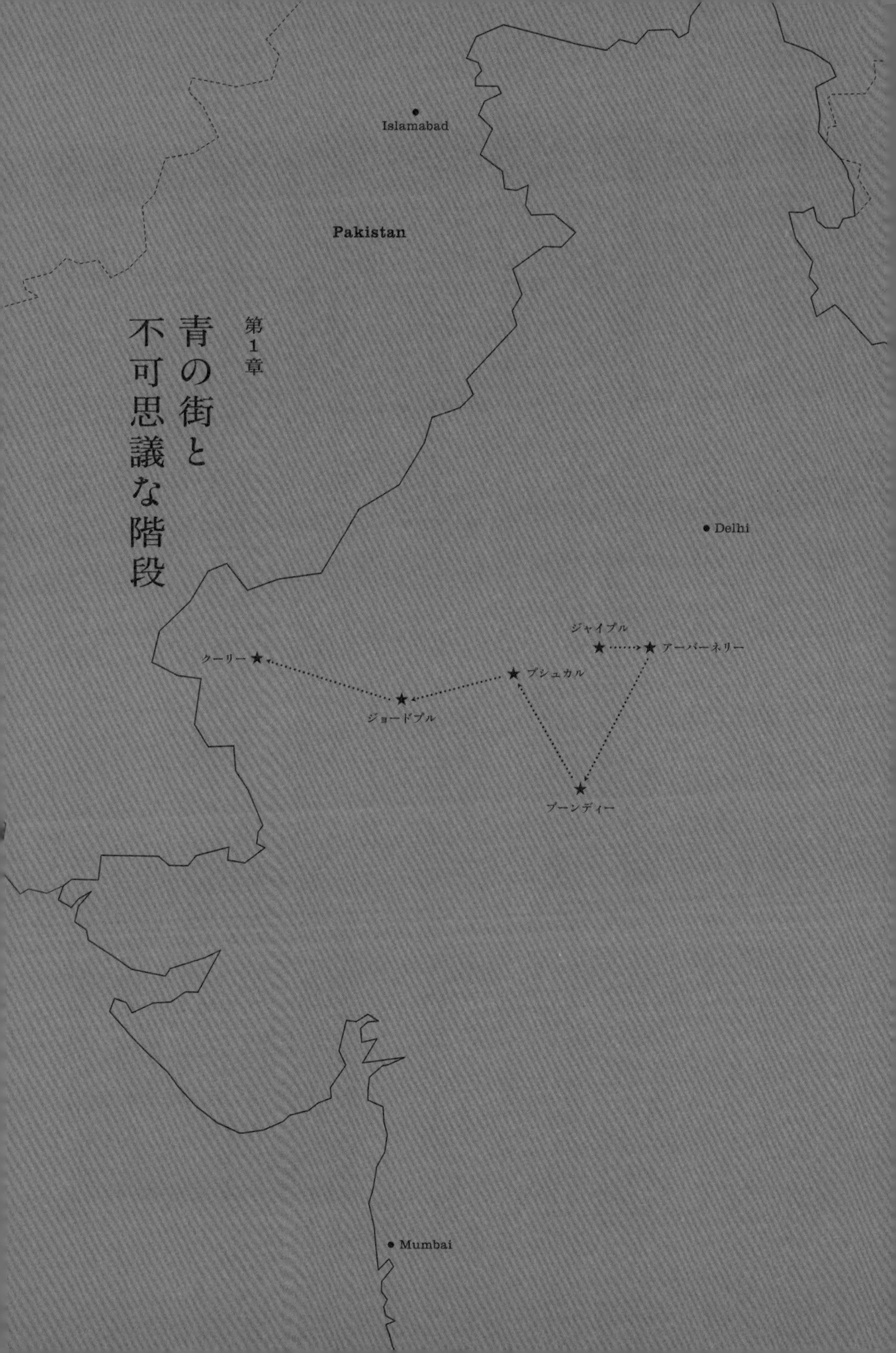

ジャイプル

風と宇宙を感じる

朝6時のニューデリー駅。まだ外は真っ暗だというのに、ホームはすでに大勢の人で賑わっている。切符に書いてある車両番号を目指して歩き始めるが、いやはや、インドの電車はやたらと車両が長くてなかなか辿り着かない。ようやく見つけて乗り込むと、定刻通りに出発。そして、4時間後のほぼ定刻ぴったりでジャイプルに到着した。インドの電車は遅れて当たり前と思い込んでいたから、この快調ぶりには正直驚いた。

ラジャスタン州の州都であるジャイプルは別名ピンクシティとも呼ばれていて、旧市街にある建物は赤土色の壁面に統一されている。いわゆるピンクとは少々色味が違うような気もするけれど、インドの街並みにはこれくらい力強い色のほうがよく映える。

街のランドマークともいうべきハワー・マハル（風の宮殿）へいってみる。たくさんの小窓から風が通り抜けることから、この名前がついたそうだ。いざ中へ入ると、ずいぶん建物の奥行きが浅く、外観の壮麗さに比べて内部はシンプルだ。ここでのいちばんの見どころは、なんといっても高いところから望む旧市街の街並み。はるか下では人も車もひっきりなしに行き交っていてせわしいのに、その喧噪とは無縁の場所で、風に吹かれながらその様子をのんびり観察して悦に入る。

もうひとつ、この街で見ておきたかったのが天文台、ジャンタル・マンタル。ジャイプルの街を築いたという天文学に明るいマハラジャがつくった施設で、インド国内に4カ所現存するうち、ここが最大規模だという。

敷地内に足を踏み入れると、観測するためというよりモダンアートのような美しい形をした器具が、手入れの行き届いた庭の中に点在している。その中でもっとも気になったのが、サムラート・ヤントラと呼ばれる長い階段状の観測儀。いわゆる日時計としての役割を果たし、2秒単位で時間を計測できるという緻密さを誇るが、それ以上に形そのものの美しさに魅せられた。横から正面からと、さまざまな角度から眺めてもその造形美は変わることがないのだから参ってしまう。唯一残念だったのが、映画『落下の王国』でのワンシーンのように階段を上ることはできないということ。この上から眺めるジャンタル・マンタルの全景は、さぞかし素晴らしかっただろうなあ。

一部分を切り取っても美しい天文台、ジャンタル・マンタル。曲線と直線、そして光と影の絶妙な融合。

上／堂々とそびえるハワー・マハルは街中でもひときわ目立つ存在。　下／サムラート・ヤントラはほかの器具に比べてかなり大規模。

左／真正面からだと平面的に見える石段は、太陽の当たる角度で少しずつ表情を変える。
右／内部に施された見事な彫刻の数々。象の頭を持つ神、ガネーシャが中央に。

アーバーネリー

映画の舞台で度肝を抜かれる

ジャイプルの街に着いてから、いこうかどうか大いに悩んだ場所がある。それは映画『落下の王国』の舞台となった、幾何学的な石段が連続している階段井戸、チャンド・バオリー。ジャイプルから割と近いとはいえ、チャンド・バオリーのあるアーバーネリーの街までは約１００kmの距離があり、バスが通っているわけではないからどうしたものかと思案して、車のチャーターをひらめいた。

だが出発前夜、価格交渉で一悶着。思った以上に値が張り「もっと安くして」「充分安い」と、ゴールの見えない議論が続く。最終的には相手が折れて、ようやく交渉成立となった。

当日はちゃんと約束の朝９時に車が待機していた。賑やかなジャイプルの街を抜けて見通しの良い幹線道路を、車はただひた走る。いくつかの小さな村を素通りし、有料道路を通過して、大きな道路をはずれてのどかな農道へ突入してしばらくすると、ふたたび村らしき場所に入ってストップ。ドライバーに促されて降りた目の前には寺院が建っている。このときはただ走っていても退屈だろうから寄り道してくれたんだな、という勘違いをしていた。ちらっと寺院を見て車に戻ろうとしたところ、そばにいた女性がしきりにあっちあっち、と指さす。もう寄り道はいいのになんて思いながらしぶしぶ従って、ようやく事実に気づくのであった。お目当てのチャンド・バオリーがそこにあるということに。

しかし、外から見る分にはただ塀をぐるっと回しているだけで、映画で見た光景が中にあるとは到底思えない。本当にここ？と勘ぐりつつ、入口をくぐって内部へ続くゆるいスロープを下っていったら、ようやく疑念が晴れた。目の前にはあのワンシーンと同じ光景が、そのまま広がっていたのだから。

迫力満点の階段井戸、チャンド・バオリー。立っている人の姿を見れば、規模の大きさがよくわかる。

ちゃんと石段に焦点を合わせているはずなのに、見ているうちに宙に浮いているような感覚に襲われて、だまし絵の中に迷い込んでしまったような不思議な心地がしてくる。勝手についてきて説明を始めたガイドが、井戸の深さが30mあるとか有益な情報を教えてくれるけれど、じっくり腰を据えてこの絶景を楽しみたい衝動のほうが強くて、話にまったく集中できない。

ガイドと別れてからは、上から下から正面からとさまざまな角度から見て回ったり、実際に石段を上ってみたりする。意外と道幅が狭いので測ってみると約60㎝弱、映画ではここを大人数で一気にすれ違っていたのだから、恐れ入った。

ぎらぎらと日の光が照りつけているときには影ができて立体的に浮かび上がる石段も、ひとたび太陽が雲に隠れると平面的な模様に見えて、それもまた美しい。太陽も真上近くまで昇り、さすがに暑くなってきたのでそろそろ帰ることにした。インドにきてから約1週間、今回の旅で初めてガツンと大きな衝撃を受けたひとときだった。

小《ブーンディー》さな青い街の、本当の魅力

ガイドブックの文面、直感、行動力。ブーンディーとの出会いはこの3つの組み合わせが最大の効力を発揮した、といっても過言ではない。

まず『ロンリープラネット』をめくったときに見つけた「おとぎ話に出てくるような」という言葉にぐっときた。ネットで調べると、青い外壁の家々が連なる美しい街らしいことがわかった。これはいい予感がする。ノーチェックだったけれど、いってみるしかない。

ジャイプルよりローカルバスで約5時間。日中のいちばん暑い最中にバスターミナルに到着したので、しばらく休んでから宿探しをしようとベンチに腰を下ろした途端、オートリクシャー（三輪のバイクタクシー）のドライバーからお声が掛かる。「どこいくの？」ときたきた。目的地を告げたら法外な値段をふっかけてくる気だ。もしくはひいきにする宿に勝手に連れていくとか。一応聞くだけ、と思って目星をつけていた宿までいくらかを尋ねると「As you like」。こちらの言い値でいいの？　拍子抜けしたが、なんのトラブルもなく宿に着いてしまった。

なんだかインドらしくないね、なんていいながら街を散策すると、子供に、商店のおじさんに、道ですれ違ったおじいさんに、たくさん声を掛けられる。その誰もが、異国からの訪問客を歓迎しているかのように親しみを込めて接してくれる。ときには握手を求めてきたり、「写真撮って！」とポーズを正しておすまし顔をしてみたり。カメラで撮った画像を見せると、照れくさそうに、でもうれしそうにしながらお礼をいって去っていく。

人だけでなく、街の風景もまた魅力的だ。路地裏にある青い色に塗られた家の前を、原色のサリーをまとった婦人が通りすぎる。塗装のはがれかけた外壁にもたれかかって仲良く停められている自転車が、お互いの魅力を引き立てているみたい。長いこと現役で活躍している味わい深いドアの前で休憩中の人たちが、こちらを見て一斉に手を振る。左を見ても右を見ても、それはもう写真に収めたくなるような被写体がたくさんで、カメラをしまう暇を与えてくれない。

ぶらぶら街歩きをするだけで充分満ち足りた気分になれるブーンディーだが、ちゃんと観光名所もある。インド最大級のダイナミックなバオリー（階段井戸）や、山の上にそびえる当時の豪華な面影を残すブーンディー宮殿、エネルギッシュな市場。そのどれもが訪れて損はない、この街の見どころだ。

けれどブーンディー最大の魅力は、人なつっこいのに礼儀正しい住人と、ほどよく朽ちた青い色が印象的な街並み。これに尽きる。

上／ただそこに置いてあるだけの自転車ですら絵になる。
下左／ぶらぶら歩いてブーンディーに住む人の日常生活を垣間見る。　下右／ピンク色のサリーと青い外壁のコントラストが絶妙。

路地に目をやればこんな鮮やかな青色が広がっている。

カメラを構えた途端、姿勢を正して真顔でこちらを見つめるおじさんたち。

ツーリスト天国の聖地《プシュカル》

肉食禁止、アルコール厳禁、卵も食べてはいけないらしい。これだけ聞くとどんなに厳格な街だろう、と思ってしまうヒンズー教の聖地プシュカル。

が、メインストリートには外国人ツーリスト向けの洋服屋やレストランがびっしりと並び、チャイやフレッシュジュースをすすりながら楽しそうにおしゃべりに興じる外国人の姿を、あちこちで目にすることができる。食にまつわる制約の多いこの街が、これほど人気なのはどうしてなのだろう。

ブーンディーからバスに揺られて約5時間。バスターミナルに降り立った瞬間から、客引きがうちの宿においでと必死にアピールしながら群がってくる。いちばん暑い時間帯に熱心に仕事をする彼らには申し訳ないが、振り切って目当ての宿まで一直線に歩いて向かう。すみずみまで掃除が行き届いた、気持ちの良い白一色の部屋。ここでしばらく昼寝でもしたい衝動を抑えて、ツーリストで賑わう通りへ繰り出す。

目に飛び込んできたのは、色も柄も大層賑やかなプリントコットンでつくられたシャツやスカート、細かい刺繍やミラーがはめ込まれたバッグ、アクセサリーにお香など。見渡す限り、お土産天国ストリートが延々続く。すれ違う外国人ツーリストも、ドレッドヘアにモヒカンにタトゥーと、お土産に負けないぐらいバラエティ豊かな顔ぶれだ。それほど大きな街ではないのに、外国人の人口密度はかなり高め。つまり、ここに住むインド人は外国人の扱いに慣れているということだろう。

でも、気軽にあいさつをしてくる若者や、買い物をしてもこちらの希望価格ですんなり販売してくれる店主など、慣れてはいても感

左／両脇にさまざまなショップが建ち並ぶサダル・バザール通り。
右／次の日は楽団とお神輿が市街を練り歩き、街の人たちがそれを見物していた。

じの良い人が多いようだ。そして心が温まるある出来事が、プシュカルの好印象を決定的なものにした。

夕日を眺めながらお茶でもしようと、見晴らしが良いというカフェを探して歩いていたときのこと。どうやら道を間違えたらしく、結局そのカフェに辿り着くことなく太陽は姿を隠してしまった。薄暗くなりかけた中を仕方なしに宿へ戻ろうとしたとき、道の脇に花畑が広がっているのが見えた。目をこらすと、なにかが花畑の中をごそごそと動いている。その正体はお供え用のバラを摘んでいる男性。しばらく眺めていたらこちらに近づいてきて、摘んだばかりのバラの花を「……Gift.」といって渡してくれた。淡い香りを放つバラの小さな花束は、夕日が見られずちょっといじけ気味になっていた気持ちを明るくしてくれた。

ほかにも小さな親切をたくさん受けてのんびり買い物や街歩きを楽しんだ。適度に地元の人と触れ合えてそこそこなんでも揃う、居心地の良い街。プシュカルがツーリストに人気の理由は、ここにあるのかもしれない。

作業の手を止めて、小さな花束を手にこちらにやってきた男性。

ジョードプル

青い街でのプチサプライズ

無料で借りられるオーディオガイド。日本語で解説が聞けるとはなんともありがたい。

インド行きを決めてから、ぜひ訪れたいと思った街のひとつがジョードプル。美しい青い街並みを実際に見てみたかったからだ。一足早くブーンディーで青の街を体験したけれど、やはり本家は素通りできない。

正午すぎにバスが着いたのは陸橋の真上で、バスターミナルまで走ることなく終点となった。バスを降りたところには何台ものオートリクシャーが待ち構えていて、ぎらぎらしたまなざしとまくし立てるような宣伝文句で集まってくる。それにしても、想像していたよりも大きな街に少々面食らう。車もバイクも人も建物も、とにかくあらゆるものが密集していて、ちょっと疑いたくなるぐらい青の涼しいイメージとは無縁の世界だ。

宿に到着して屋上に上がると、目前にメヘランガルという大きな城塞がそびえ立っている。この裏手に青い街並みが見えるらしい。

翌朝、張り切って上り坂を歩いてメヘランガルを目指す。15分ほどで到着した入口には、着飾った人や馬でごった返している。なんと、今日は映画の撮影があるらしい。どうりでこのメヘランガルの雰囲気にぴったりの、中世風の衣装をまとっているわけだ。ただ、足下は映らないからか、白いスニーカーやビジネスシューズなどてんでばらばらだった。

撮影現場を横目に中へ。外から眺めるだけでも建設当時の贅の限りを尽くしてできた建物であることがよくわかるが、宮殿内部もそれに負けず劣らずの豪華さだ。金色に塗られた天井や柱、色とりどりのステンドグラス、広い室内にちょこんと置かれた家具、そして豪華な調度品の数々。ここに大勢の人が集い、歌い踊り、さぞかし賑やかだったのだろう。

さて、肝心の青い街並みはというと、あいにくの曇り空のせいで期待していたほどの表情を見せてはくれなかった。もともとはブラフマン（僧侶）階級が暮らす家ということを示すためだとか、体感温度を下げる役割があるとか諸説あるようだけれど、淡い青に塗られた家々を見ていると心がすーっと落ち着いてくる。別の位置からも見たくてビューポイントへ向かおうとしたら、なんと本日は映画撮影のために立入禁止。最初はうれしく思ったサプライズが、このときばかりはちょっぴり恨めしかった。

青い街で青いショールをかぶってすまし顔。

映画撮影のため、ツーリストより出演者やスタッフで賑わうメヘランガル。

ラクダ《クーリー》に揺られてショートトリップ

ラクダに乗って砂漠を旅する。こんな魅惑のシチュエーションを夢見てやってきたのは砂丘の村クーリー。客引きが寄ってたかって群がってくる騒々しいジャイサルメールを出て約1時間半、さっきまでの喧騒が幻かと思われるほどに静かでのどかなところだ。

キャメルサファリがしたくてやってきたというのに雨模様で、しばらくして止んだと思ったら今度は風が出てきた。不穏な天気に、明日のサファリ出発を延期しようか悩む。しかし、村で出会った青年と話していたら「明日の夜はきっと星がよく見えるよ、風が雲を動かすから」。彼の言葉を信じて、予定通り出かけることに決めた。

翌朝はまだ雨が残っていたが、昼をすぎるとまぶしいばかりの青空が広がった。15時半を少し回ってからいよいよ出発。ラクダは案外胴回りが太くて、大きく開いた足が軽く悲鳴を上げている。しっかりつかまってとガイドに促された直後、ラクダは前足、次は後ろ足と段階を踏んで立ち上がる。高い。人間の頭のてっぺんより上のところに座っているから、今までに体験したことのない高さの目線。最初のうちは怖くて力んでいたけれど、慣れれば揺れも少なくて案外快適だ。

井戸で水を汲み、ラクダに水を飲ませ、その後に立ち寄った小さな村で布団一式を調達して、さあ一路砂漠へ。道中、異性に心奪われてよそ見を繰り返し歩調が乱れた我らがオスラクダ一行だが、無事に今夜の寝床ポイントに到着。まだ夕日が沈むまでは時間がありそうなので、チャイを飲んで一息ついてから砂丘を歩いてみる。周囲にはところどころ低木が生えているのに、目に飛び込んでくるのは空と砂丘のふたつだけ。普段よりよく聞こえる風の音に耳を傾けながら、砂と風がつく

左／慣れた手つきで火をおこし、調理を始めるガイドたち。　右／土壁の素朴な家が建ち並ぶネムキドニ村。

り出す模様や陰影を眺めてしばし放心する。

日が暮れたらバーベキューの火を囲んでの晩餐タイム。おなかが満たされたら次第にまぶたが重くなってきたので、そろそろお開きにして砂の上に布団を敷く。頭上にはたくさんの星が輝き、ときどき落ちていく流れ星を眺めながら横になる。意識が遠のくぎりぎりまで星空を見つめ、すとんと落ちるように眠った。

目覚めるとまさに朝焼けが始まりつつある瞬間で、寝転がったまま色の移りゆく様を見続ける。早起きのガイドたちは手際よく朝食をつくり、ゴミを片づけ、てきぱき帰り支度を始めている。

もうラクダに乗るのも慣れたものと思っていたのに、またまたメスラクダに気を取られて脇道にそれ、草が食べたくて急ブレーキで立ち止まり、一筋縄ではいかなかったが楽しい帰路だった。かつてメキシコで馬に乗ったときにさんざんな思いをしたから半日程度のコースを選んだものの、もう少しラクダといっしょに過ごすのもありだったかな、と思えるほど大満足の、短い旅だった。

ガイドが相手だと奔放なラクダもおとなしくいう事を聞く。

column

①

多種多様の音に包まれて

インドはいつだってやかましい。

時間を問わず場所を選ばず、つねになにかしらの音に囲まれて過ごしていると、騒音に対してある程度の免疫はできてくる。それでもときどき「いい加減にしてよ」といいたくなる。

例えば車のクラクション。注意を引くためというよりただ鳴らしているのではという疑惑を抱きたくなる、節操のない鳴らしぶり。こんなに鳴らす必要があるのか不思議に思っていたが、車に「HORN PLEASE」というメッセージをペイントしているのを見て、クラクションは自分の存在を知らしめるための手段なのかも、と考えることにした。

それから、携帯電話の使い方も日本とは大きく異なる。マナーモードの使用という概念が存在しないのか、着信音はつねにオン、早朝の寝台電車の中であっても話し声を小さくすることはない。携帯音楽プレーヤーとして使う際にはイヤホンをつけず、周囲の人にも聞こえるような音量で楽しむ。それが好みの選曲ならいいのだけど、ねっとり甘いインドポップスだったりするから余計に気になってしまう。

外でさんざん爆音にさらされて宿に戻り、ようやく静かな時間を過ごせると安堵したのも束の間、今度はエアクーラーという冷房代わりの空気を冷やす機械ががなり立てる。大きな音の割に大して涼しくならないこの機械が、ベッドのすぐ脇に設置されている。ああ、今夜はこの音と共に眠るか、はたまた暑さに耐えて静けさをとるか。インドで静寂を求めるのは、この上ない贅沢なことなのだった。

第2章 民族とビーチ、両極端の楽しみ

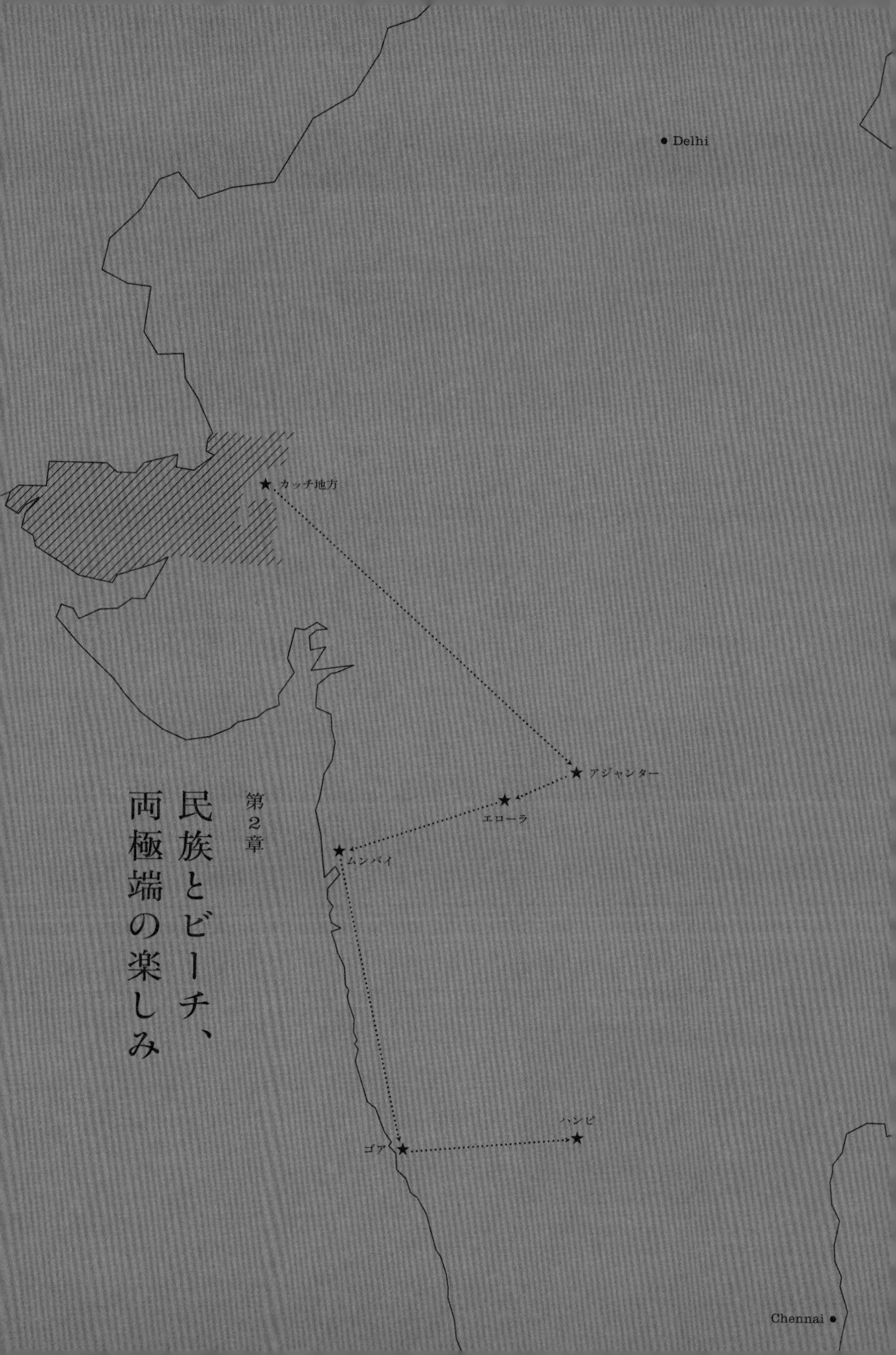

ブジ、小カッチ

民族と湿原を求めて西へ

今回の旅でいちばん豪勢なことをやったかもしれない。アーメダバード発、広大な塩の大地が広がる小カッチ湿原経由、見事な手仕事の工芸品をつくり続けるカッチ地方の少数民族の村を回り、ふたたび戻ってくるというプランを実現するため2日間車をチャーター。これなら自分たちのペースで好きなように見られて効率的、かつ満足度も高いはず。アーメダバードの政府観光局で紹介してもらった旅行会社のボスと宿で待ち合わせをし、プランを詰めていく。一泊二日あれば大丈夫だろうとのことなので、戻ってきた日の夜にムンバイへ向かう電車のチケットを押さえて迎えた出発当日の朝。

これからお世話になるドライバーからよろしくのあいさつの後にいわれたのは「日程がタイトすぎる」の一言。湿原ではジープに乗り換えが必要とか、少数民族の村へ入る前に警察署で許可証をつくってもらわなければいけないとか、なにかと時間がかかるらしい。しかしすでに次の予定も決まっているし……。考えた挙句、彼に適宜アレンジしてもらうことにしていざ出発。

寄り道にこそ良い出会いが

アーメダバードを抜けると広い幹線道路が果てしなく延び、両脇には等間隔に植えられた綿花の畑が広がる。インド綿って有名だものな、と車窓をじっと眺めていたら収穫作業中の人たちを発見。近くで見たくて車を停め畑へ向かう。急な珍客の来訪に、恥ずかしそうにしながらも写真撮ってよと笑いながら話してくる。ぎらぎら照りつける日差しの下、撮影中だけ一瞬止まるものの、それ以外作業の手は休むことがない。撮った写真を見せると照れくさそうな表情を見せつつ、写真のときよりもずっといい笑顔を返してくる。

再度車を走らせると今度は塩田が見えてきた。ここでも道草して塩をぺろっとしたり、手伝い中の子供たちと二言三言話したりする。寄り道するたびにうれしい出会いがあるが、次に立ち寄ったのは道沿いの一軒。ここは布を染料で染め、木版を使って模様をつけるブロックプリントの工房が集まったダンドゥカという村だそう。さっそく作業を見せてもらうと、分厚い木製スタンプをポンポン

摘まれた綿花は背負っている袋に入れ、その後一カ所に集めて出荷される。

カッチ地方に暮らす男性の一般的な服装。

民泊でお世話になった女性の見送り姿はあまりにも美しかった。

とリズミカルに押していく。みるみるうちに布全体が模様で埋め尽くされ、早くも2枚目に突入している。機械を使っていないのにほとんどズレがないのはため息ものだが、ところどころ染料が濃かったり薄かったりするところに人の手のぬくもりが感じられる。

本日の寄り道はこれぐらいにして、あとはカッチ地方の中心都市ブジを目指してひた走る。夕方、業務終了間際の警察署に滑り込んで、村を訪れるための許可証を発行してもらう。そのままブジの北約80㎞に位置するビレンディアラという村へ向かい、そこで一泊することにした。この辺はバンニと呼ばれる地区でパキスタンとの国境に近く、許可証なしでの訪問は許されていない。途中には警察官が待機して見張りの目を光らせているが、ドライバーはすでに顔なじみのようでちらっと話して通過。案外あっさりした警備だった。

少数民族の村で民泊

ビレンディアラの村に宿はないので民家の一室を間借りする。食事もここでお世話になるから、まるでホームステイしているみたい。満点の星空の下、屋外であぐらをかいていただく夕食。焼きたてのチャパティをちぎっておかずに浸してから口に放り込むと、素朴ながらじわーっと体に染みる味がする。食後はその場にごろんと寝転がって星を眺める。あぁ、気持ちの良い夜だなあ。

次の日、人の動く気配で目を覚ます。まだ夜が明けて間もないのに、皆起きて家のことをしたり小さい子の遊び相手になったりしている。チャイをすすりながらぼんやり座っていると、ちょっとこっちの部屋へ、と手招きされる。

中に入ると壁沿いに布がたくさん積まれている。ミラーを縫い込んだ細かな刺繍が美しい、女性衆の手仕事の成果だという。ミラー飾りのついた衣装を日常着としている彼女たちは、自分や娘のため、ときどきはお土産として売るためにせっせとつくり続けている。さらに大きな衣装ケースを引っ張り出してくると、中には特別な日に身につける豪華な衣装やアクセサリーが大事に入れられていて、取り出しては見やすいように地面に並べてい

左／できあがった生地は吊るして乾かす。　中／定規もなしに手早く押していく。　右／シンプルな木版とこれを使用してできた生地。

く。おもむろに衣装を手に取って私に着せ始めると、明らかに着慣れていない姿がよほどおかしかったのか、終始笑い転げていた。

　のんびりしていたら予定よりも出発が遅くなってしまった。スピードアップしないと小カッチ湿原での時間がなくなってしまうので、慌ててお別れを告げて次の村へ。ホドゥカと呼ばれる村では、同様に刺繍などの手工芸を生業としている。とある一軒にお邪魔するなり、製品のお披露目会がスタート。これいいでしょうと熱心に勧めてきて、ネックレスや髪飾りをどんどん試着させられる。お断りするとさっさと片づけに入り、では別の品、という具合で忙しい。もうほかの村を訪れている時間がないので、近隣の村から布や刺繍を仕入れて加工・販売をしているセンターや、機織りの作業場へちらっと立ち寄り、湿原へと急ぐ。

湿原での一喜一憂

　往路よりもだいぶ速いスピードで、休憩も取らずに飛ばし続ける。さすがにドライバーにも疲労の色がうかがえ、ときどき首をこきこき動かしている。終始無言のままの車内で夕方までに着きますようにと祈る。だいぶ日も傾いてきた頃、やっと到着。間に合ったと安堵したのも束の間、湿原へいくのにかかる費用が予想以上に高いことを知る。だいぶ散財したから自制しようかとも思ったが、ここまできて諦めるのも悔しい。多少の出費には目をつぶって楽しむことを優先しよう。

　ジープに乗り換えでこぼこの砂道を抜けると、視界が開けて砂っぽい地面から白いものが混じるひび割れた地面に変わってきた。前方にはアジアノロバ*が数頭見えるから、ついに小カッチ湿原にやってきたんだ！

　と、急にジープが動かなくなった。スタックしたらしい。「悪いけど押してくれないか」という要請で車を降りると、ぬかるんでいて滑るし、ずぶずぶ足が沈むし、思うように動けない。ほかの地面はからからに乾いているのに、どうしてここだけ足場が悪いのか。やっとのことで脱出し、安全な場所に車を停めたらアジアノロバにそーっと近づいてみる。ちょうどいい距離で写真が撮れそうだと思う

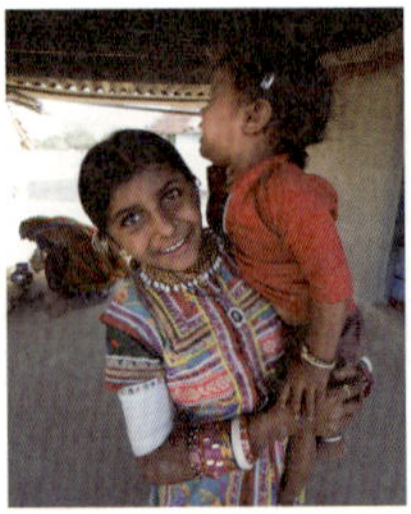

左／普段でもちゃんと民族衣装を着ている村の女性たち。　中／少女も民族衣装を着用。　右／泊めさせてもらった部屋。壁面にはたくさんの水瓶が並ぶ。

と、こちらを一瞥してささっと逃げてしまう。ふたたびジープに乗ってより広い場所を目指し、到着したらエンジンを切ってしばらくこの広大な大地を堪能する。

　もう少しいこうと走りだすと、今度はエンスト。キーを回しても鈍い音がするばかりで、一向にエンジンがかかる気配はない。まさか、今夜は大湿原のど真ん中で一泊……?と絶望しかけていたら、やっとのことでエンジンが息を吹き返した!

　そろそろタイムリミットだが「もうすぐ木も草もないエリアになるのに」という言葉に負けて、あと少しだけいってもらうことに。次に車が停まったところは、見渡す限りの地平線が広がる場所。5分だけ、という約束で急いで降りて強風の吹きつける中を見回してみる。風が止むとぱたっと音が消えて、いつだって騒々しいインドにいることが信じられなくなるぐらい、喧噪とはまったく無縁の穏やかな静寂に包まれる。すごい、本当にすごい。ここにきて本当によかった。

　さあ、急いでアーメダバードへ戻らなきゃ。残された時間は2時間、電車に間に合うかどうかぎりぎりだ。追い越しを繰り返し、途中渋滞に巻き込まれ、駅に着いて急いで電車に飛び乗ったのとほぼ同時に発車した。

　この2日間はめまぐるしくすぎていったが、素晴らしいドライバーと各地で出会った人びとのおかげで、どれも思い出に深く残る出来事ばかりとなった。頭に思い浮かぶのは、ただただ感謝の言葉のみ。こんな最高の旅路、また味わえる日がくるだろうか。

＊アジアノロバ：西アジアからモンゴルにかけて生息する野生のロバ。

左／湿原は雨季になると一面大きな池となり、ジープに代わってボートで行き来する。
右／フロントガラスを前方に倒すとさらに見晴らしが良くなる。

岩の中の壮大なる世界へ

アジャンター、エローラ

朝6時にアラームが鳴る。カーテンを開けるとまだ完全に夜が明けきってはいない。手早く身支度を整えてバスターミナルへ向かい、バスに乗り込む。車窓からの風はまだ心地よいものの、これがあと数時間もすると温風に変わるだろう。2日に渡って世界遺産となっている遺跡を訪れることにしたが、この時期の暑さは容赦ないから早めに行動しないと途中でギブアップしかねない。

1日目は遺跡観光に便利な街アウランガーバードから3時間半、アジャンターへ。30の仏教石窟群を持つこの遺跡最大の見どころは非常に保存状態の良い壁画。感心したのは、壁画を維持するため入口には係の人が待機し、ドアの開閉と入場者数のカウントをし、一度に人が押し寄せないように管理していることだ。おかげでいきいきした壁画は数千年前に描かれたものとは思えないほど、くっきりと色鮮やかに残っている。

壁画を堪能したらほかの石窟も見ていく。たくさんの柱が規則正しく並ぶもの、肋骨を模した天井が印象的なものなどどれも個性豊かで、すべて見終えるまでに優に2時間かかってしまった。締めは段差がばらばらの階段を上って展望台まで。ここからは馬蹄形になった石窟群の全景が望めるので、どんな地形のところにつくられたのかがよくわかる。

2日目はバスで1時間弱という近さがうれしいエローラへ。ここには全長2㎞の敷地に34もの仏教・ヒンズー教・ジャイナ教の石窟群が続く。残念なことに照明が設置されていないため、自然光が届かない石窟内の奥のほうは暗くてあまり見えない。しかし、ハイライトともいうべきヒンズー教のカイラーサ寺院のスケールには圧倒されっぱなしだった。

まずはどれぐらいの大きさかを体感したくて、坂を登って上から眺めることにしたが、眼下にいる観光客が米粒大にしか見えない。建物上部の彫刻も見事で、早く中に入って間近で見てみたいといそいそと下りていく。

巨大な岩をこつこつ彫ってつくったことに疑念を持ちたくなるくらい、緻密な彫刻で埋め尽くされた寺院のはるか上を見上げる。これほどの壮大な仕事に費やされた時間を思うと、現代の時間感覚が一気に狂ってしまう。あっぱれなスケール感と暑さでくらくらしてきたので、中に入り薄暗く涼しい空間に座って眺めていると、ようやく心も体もクールダウンしていく。

続けて遺跡に触れ、それぞれの違いを見比べることができた2日間。もっと涼しい時期に訪れたら良かったけれど、遺跡好きでなくてもこれだけ楽しめたのは、遺跡の持つパワーがすごかったからだろうか。

上／見学可能な最後の洞窟、26窟目には涅槃像が。　下／巨岩をくり抜いて建造されたカイラーサ寺院は見ごたえ充分。

大都会《ムンバイ》の両極端な姿を垣間見る

インド随一の大都市ムンバイでは、あっという間に財布がすっからかんになっていく。いちばんの痛手は宿泊費で、これまでと同レベルの宿に泊まろうものなら金額は2倍以上に跳ね上がる。懐事情を考えれば早く去るのが賢明だろうけど、それが案外難しい。おしゃれなバー&レストランに雰囲気の良いカフェ、素敵なブティックという都会ならではの心ときめく誘惑が、今日も手招きしている。

しかしこの利便性だけがすべてではなく、もっと大きな理由がある。それはムンバイならではの、インドの縮図ともいうべき場所へ足を運ぶことだった。

日がな一日洗い続ける男たち

マハーラクシュミー駅すぐ脇にある巨大な洗濯場、ドービー・ガート。畳1枚分ほどに区切られた各々の持ち場で、男たちが洗濯物を大きく振り上げて水の中にばしゃん、と叩きつけている。若い男性が一本背負いかと見紛う勢いでひときわ大きな水しぶきをあげている一方、中年男性は控えめな動きでぱちゃんぱちゃんと洗っている。その近くでは石けんをつけてごしごしこすっている人もいるから、ちゃんと役割分担があるのだろう。そういえば干されている洗濯物もテーブルクロスにサリーにジーンズと、大まかなグループ毎に並べられている。

ここで洗濯をしている人びとは生まれたときからすでにその職が決まっていて、転職することなくずっとこうやって仕事を続けていく。いくら彼らの日々の楽しみだとかつらさを想像しようとしても、やりたい仕事を選び、またその仕事を途中放棄して旅に出ている我々には皆目見当がつかない。

アジア最大のスラム街へ潜入

もうひとつ、想像を超えたというかむしろまったくの勘違いをしていたのではと思わされたのが映画『スラムドッグ$ミリオネア』の舞台となったアジア最大級のスラム街ダラヴィーを訪れたとき。ムンバイの人口1640万人のうち55%がスラム街を生活の場とする人びと。そのうちの約100万人がここダラヴィーで暮らす。

原作本を読んだときには、やすやすと足を踏み入れてはいけない別世界だと思っていた。だから実際にダラヴィーを訪れることのできるツアーがあると知ったときにも、いってもいいものか悩んだ。しかし、ツアー参加費の80%がここでの教育に活用されるらしいこと、そしてダラヴィーの、ひいてはスラム街のネガティブなイメージを払拭したいというのがこのツアーの趣旨のひとつということを知って、いくことに決めた。

プライバシーを尊重するために写真撮影は禁止、場所によってはかなり汚いところを通るので靴着用といったいくつかの注意事項を電話で確認して、最寄りのマヒム駅で待ち合わせる。参加者は我々を含めて6名。ガイドの後をついてぞろぞろと歩いていき、彼がふと立ち止まって説明をし始めた場所がまさにダラヴィーの入口だった。

インドのどの街にもありそうな食堂や商店が並び、そこを通る人たちもほかの街となんら変わらない。危険な香りもしなければ異様な雰囲気すら感じられない、それこそ「普通」の街。ただし、路地に目をやると狭い道の両脇にトタンやビニールを駆使して体裁を整えている建物がずらりと並んでいるから、それがいわゆるスラム街のイメージといえば、そういえなくもない。

リサイクルの現場を目にして

その路地のひとつに入っていく。少々臭うこの一帯は工場が集まる地域で、ここはプラスチックのリサイクルを専門に扱うところ。ムンバイ中から集めてきた廃プラスチックを色・種類別に分ける人、分別を終えたものを

画像提供：Reality Tours and Travel

上／色とりどりの洗濯物がびっしり干されている。　下／屋根の上にリサイクルを待つ廃材が積まれたダラヴィーの街。

ひとくくりにまとめる人、それを機械で細かく砕く人と、この狭い地域内でこれだけの仕事をこなしている。1日に10~12時間働いてもリサイクルを待つプラスチックは増えるばかりで、作業が追いつかないという。

今度は石油のような臭いがつんと鼻をつく。塗料の大きな空き缶の外装を、素手でごしごしやってはがしている。トンカントンカン金物を叩く音がするところでは、先ほどの缶のでこぼこを手作業で直している。やはりここでも人力リサイクルの真っ最中で、この修繕した缶に新たにプリントして塗料を詰めて販売するのだそう。

このようなリサイクルの仕事を含め、ダラヴィーでは年間に6.65億米ドルを稼ぐというから、重要な雇用の機会であることはわかる。しかし決して整っているとはいえない環境で黙々と働く彼らを見ていると、リサイクルの意義ってなんだろうと考えてしまう。

生活環境に閉口、でも……

考え込んでいる間もツアーは続く。やってきたのは住居の並ぶ地域で、とにかく道幅が狭く、迷路に迷い込んでしまったかのよう。人ひとりやっと通れるかどうかの道には当然のごとく太陽の光がほとんど届かず、下に溜まった水がいつまでも干上がらずによどんでいる。すぐ頭上にはコードのようなものがぶら下がっているし、足下はでこぼこの石が無造作に置いてあってぐらつくし、歩きづらくて仕方がない。ちらっと道沿いの家を覗くと、3畳ほどの空間で家族がひしめいてご飯を食べている最中だった。やっとのことで通り抜けて大通りに出て深呼吸をしたら、ようやく生き返った気分になった。

今回いちばん予想外だったのは、途中子供たちに親しげに声を掛けられたこと。それは単純な興味からであって、物乞いをするためではなかった。スラム街だからなにかをねだられても仕方ないと思い込んでいたが、それこそが誤解かもしれない。自立しようという意識があるのに、周囲が色眼鏡で見続けたら変わろうにも変わることはできない。自分の目で、ニュートラルな心で見なければと、日頃の反省も込めて思った。

念願《ゴア》のビーチライフを、ゴアで

足だけを使って黙々と砂に絵を描く。潮が満ちると消えてしまうはかない芸術。

　ヤシの木が茂るビーチで気が済むまで遊び、疲れたらキンキンに冷えたビールで喉を潤して一休み。そんな魅惑のビーチライフを夢見てやってきたのは、インドのビーチでもっとも有名といっても過言ではないゴア。ほかの州に比べてとても面積の小さいゴアだが、趣の異なるビーチがいくつも点在するバカンス天国だ。今後の旅に備えて小休止するべく4つのビーチを巡り、ひたすら放心の日々を満喫した。

フリーマーケットで足が棒に

　大都会ムンバイからのんびりしたムード漂うゴアはアンジュナへやってきた。もっとも有名なこのビーチタウンで、まずはビールを一気に飲み干す。インドでは珍しく酒類を安く楽しめるこの州は酒好きにとっての天国だ。グラス片手にゴアにきたことをかみしめつつ、最初の夜を過ごす。

　翌朝、午前の早い時間から毎週水曜開催のフリーマーケット会場へ出向き、物色開始。お土産品、楽器、洋服、スパイスの量り売りなどツーリストに受けそうなものが揃っているので、見て歩くだけでもおもしろい。歩いても歩いてもとにかく店が途切れることはなく、途中でランチ休憩を挟んだとはいえたっぷり3時間掛けてもまだすべてを見終えることができない。それなのにまだ出店用のスペースは残されている……。

　マーケット散策には満足したが、次は目の前にビーチがある宿に泊まるという願望を叶えるべく、新天地へ向けて移動する。

クオリティの高い食事情

　ゴアを訪れたことのある友人全員が良い！といっていたアランボール。バスを降りてから数十分、荷物を背負ったまま歩くにはつらい距離だったがなんとかビーチまで歩き切って、納得のいく部屋探しをしようと何軒か見せてもらう。眼前に海、テラス付き、お手頃価格の三拍子揃った根城を確保して、さっそく水着に着替えてビーチへ向かう。50歩も歩けば、もう海だ。

　しばらく遊んだらサンセットに備えて体力

上／お土産を選ぶならぜひ訪れたいアンジュナのフリーマーケット。　下／牛もビーチで寝そべってリラックス。

上／座る位置によって岩間に、海に、沈みゆく夕日を眺められる。　下／ゴアは舗装道路が多く、かつ景色が良いのでツーリングには好都合。

を温存する。夕暮れがクライマックスに近づく頃にふたたびビーチへ繰り出し、しばらくその場で暮れゆく空の移り変わりを楽しんでから、さて夜ご飯を食べようとぶらぶら歩き出す。アランボールには雰囲気も味も良く、かつ新鮮な魚介をリーズナブルに食べられるレストランやバーがまとまっていて、どこもレベルが高い。メニューで決めるもよし、BGMで選ぶもよし、おかげで毎日どの店にしようか大いに悩む羽目になる。

十字架求めてツーリング

アランボールから南に4km下ったところにあるマンドレム。のんびりするならここほどぴったりの場所はないという友人のおすすめでやってきてみれば、なるほど確かにその通り。海とコテージ、たったこれだけしかない。

日中はバイクを借りて、目的地を定めずただ走る。ゆっくりしたスピードで南国植物の間をくねくね通る道を抜け、まっすぐ延びる大きな橋を渡り、気になったポイントが出てきたら一旦停止。かつてポルトガル領だったゴアはキリスト教徒が多い地域ゆえ、道端にはぽつぽつと十字架が建っている。極彩色の神様で賑わうインドで見る十字架は異彩だけれど、妙に惹かれる趣がある。

戻ってきたら遠浅の海で泳いでクールダウン。あとは読書をしたり昼寝をしたり、思い思いに過ごして夕暮れ時にまたビーチへ繰り出す。つつーっと波が砂浜の上をなめらかに滑って戻ってを繰り返し巨大な鏡をつくり上げ、赤く染まりつつある空を映し出している。刻々と変化する夕焼け空を、地面にもそのまままさかさまになって映る情景と併せて眺めて1日を振り返る。

イルカとの対面を期待して

これまでゴアの北に位置するビーチばかりだったので、南はどうだろうとパロレムへ移る。前知識なくやってきたが、いるわいるわ、たくさんのツーリストが。少々賑やかではあるものの、ヤシの木が並び、ゆるい弧を描いて広がるビーチは理想的だ。また、これまでのどのビーチよりも波が穏やかで、泳ぐのにも浮かぶのにもぴったりなのがうれしい。

宿を確保したらさっそく情報収集。パロレムでは11月から3月頃までイルカの見られるツアーがあり、4月に少し差し掛かった今でもどうやら大丈夫そうだ。

次の日の朝、直接船と交渉して出港すると、あれだけ穏やかな海も沖は大荒れ、どっぷんどっぷん揺れ出した。ときどき襲ってくる波しぶきで全身びしょびしょだ。ほかの船と合流し、イルカの見られるポイントでガイドが目を凝らしてイルカを探す。さすがに今日は波が高すぎて厳しいらしいが「あっちだ！」と指さすほうを急いで見るとイルカの鼻先だけがかすかに見えた。その後も何度か教えてくれたが、今回は縁がなかったようだ。イルカとの対面は果たせなかったが、ビーチに戻ってからはカヤックでの波乗りや砂遊びでこれまで以上にビーチライフを堪能した。

ほかの地域と雰囲気の異なるゴアは、ヒンズー文化やスパイスたっぷりの料理、人混みに疲れたとき一休みするのにもってこいの場所。とことんリラックスの10日間で、心も身体もすっかり開放することができた。

奇岩《ハンピ》に囲まれた村でツーリング

眠れなかった……。せっかく寝台シート付きの夜行バスを選んだのに、道が悪いのか運転が荒いのか、意識が薄れてくるとガタンとジャンプの繰り返しで朝を迎えてしまった。あと30分でハンピ到着か、と思いふと窓に目をやったそのとき。なんなだこの景色は！　不思議な形をした巨大な岩が、器用なバランスを保ったままの姿でそこら中にごろごろ転がっている。そのシュールな風景を別段気に留める様子もなく、普通に通りすぎるオートリクシャーやバイクに乗った人たち。奇妙な光景にすっかり目も冴え、そのうち奇岩の中に建物が密集しているのが見えてきた。

7時半、ハンピ・バザールにあるバスターミナルに着くや否や観光客争奪合戦が始まる。こちらにも数人の客引きがやってきたが、だんまりを決め込んでいるうちにひとりを残してどこかへいってしまった。粘り強くついてくる客引きと適当に会話をしながら道を歩いていると、家の前の地べたにチョークでさまざまな模様が描かれているのに気づく。曰く、女性は朝5時に起きて神様へのお祈りをし、今日も1日無事に過ごせますようにと門や玄関の前に模様を描く。それを夫が家を出るときに確認するそうだ。後日、たまたま描いている場面に出くわして見ていたら、下絵もなしにあっという間に描き上げていた。

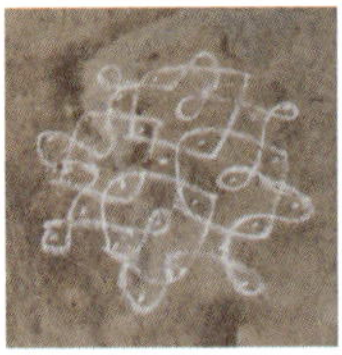

コーラムと呼ばれる米粉で描く床絵は、どれひとつとして同じものがない

ゾウから祝福の儀式を受ける

しつこい客引きとどうにか別れ、宿に荷物を置いたら徒歩圏内のヴィルーパクシャ寺院を目指す。道脇の人混みの中心に巨大なゾウの背中が見える。近づいて人びとの隙間から様子をうかがうと、ゾウが鼻でコインを受け取り、それを傍らにいるお世話係の男性に渡

上／奇岩が積み上がってできた山に囲まれているハンピの村。　下／ラクシュミーという名のゾウから祝福を受けるために並んで待機。

してから大きく振りかぶってコインをくれた人の頭に鼻先をタッチ。これって、『ロンリープラネット』に載っていた祝福の儀式?

　寺院に引き上げていったゾウを追い掛けて、儀式を受けるために1ルピーコインを握りしめて並ぶ。いよいよだ。硬すぎず柔らかすぎず、ぼよんと頭上に乗った鼻の感触はなんともいえなかったが、ほのぼのした気持ちの残る実にユニークな儀式だった。

　それからしばらく歩いて川岸に出ると、川の中にも巨岩が浸かっている。その岩をジャンプ台代わりにして水遊びをしたり、洗濯物干し場として活用したり、暮らしの一部としてすっかり溶け込んでいる。しかしなんでこんなに大きいんだ。よし、明日はもっと遠出をして奇岩を追い掛けてみよう。

モペットにまたがりツーリング

　翌日、メインロード沿いの一軒でモペットを借りて足取り軽くツーリングスタート。小回りが効くから良かったね、といいながら軽快に走っていると、前方に長く急な坂道が現

左／道端には身長の倍以上もある大きさの岩が点在する。　右／女性は洗濯に、子供は水遊びにやってくるトゥンガバドラー川。

れる。ぶいーんとものすごくうるさいエンジン音に反して、ちっとも進まなくなってしまった非力な馬力には思わず苦笑い。引っ張ってどうにか坂を登り切り、気を取り直してふたたびモペットにまたがる。

　舗装道路から外れて土の道へ進路変更すると、バナナ畑や水田の中を抜けるそれは素晴らしい眺めの通りが広がる。ここがハンピ最大の見どころともいうべきヴィッタラ寺院への近道となる。周囲の景観を楽しみながらゆっくり走っていると、危ない！　のんきに我が物顔で横断しているカメレオンを踏んづけそうになって慌てて急ブレーキ。それからは前方以外に、真下にも目を配ってさらにスピードダウンして運転する。

　両脇に等間隔で石柱が並べられた、長いまっすぐな一本道を気持ち良く走り抜けると、ヴィッタラ寺院に到着。中は彫刻の見事な柱のオンパレードで、よく見るとそれぞれ違うモチーフが彫られている。16世紀につくられたというのが信じられないほどの保存状態の良さに、つい実際に触って確かめたくなる気持ちをぐっとこらえて、顔をせいいっぱ

人びとの暮らしにすっかり馴染んでいる巨岩のある風景。

い彫刻に近づけて鑑賞する。どうやらこの中には叩くと音が鳴る柱というのが存在するらしく、うっかり壊してしまってはいけないから誰かが試しているところを見られればと思ったが、現在は叩くのを禁止されているようでその音を聞くことは叶わなかった。

ついでに、しばらくいった先にある王宮地区へも足を延ばす。広い敷地内に遺跡が点在しているのだけど、すべてを見るにはどうにも暑すぎるので気になったポイントに絞って立ち寄ることに。複雑に入り組んだ城壁に囲まれたゼナーナ区画内の、かつて本当にゾウが住んでいたゾウ舎。アーチの優美なラインが素晴らしいロータス・マハル。チャンド・バオリーのミニ版のような階段井戸。そのどれもが確かに見事で、充分見応えがあった。

しかし今回のツーリングでいちばん楽しかったことはといえば、奇岩を横切りバナナ畑の間を突っ切って走っているときに見えた名もなき風景であり、のんびりした村の空気だった。これで暑さがもう少しマイルドで、坂道でも難なく走れるモペットだったら文句なしだったのだけど。

column
②

タフさがカギの交通事情

12億人も人口を抱えていると混雑時に見られる光景の迫力が全然違う。
目を疑うような押し合いへし合いぶりで、ゆずり合いの精神はないに等しい。
でも、このタフさが要求される現場に身を置くと、
妙に血が騒いでエネルギーが湧いてくるのだから不思議。

◉ アクロバティックな乗車法に釘付け ◉

走行中の車両に飛び乗るのは日常茶飯事。ドアからはみ出ていても落ちなければ問題なし。ときにはサーカスの曲芸みたいな乗り方ででこぼこ山道を走る人も。つくづくたくましいと感心してしまう。

◉ 明らかに定員オーバー ◉

乗客が多過ぎて車体が傾こうが、走行不能にならない限り乗車拒否はしない。待てよ、この車の定員って何人だっけ？　この際そんな疑問は置いておいて、隣の人とのスキンシップを楽しむことにしよう。

◉ 積み荷だって大盛りに盛って ◉

ご覧の通り、人だけでなく荷物も負けず劣らずの山盛りぶり。インドは過積載という言葉に縁がないとしか思えない。まあ、いっぺんにたくさん運べれば効率はいいのかもしれないが……。

◉ すし詰め状態は人だけではなかった ◉

自家用車がびっしり並ぶコルカタの路上。よくよく見てみると、バンパー同士がぶつかっている。細かいことを気にしだしたらキリがないと思えば、なんだか気が楽になる。

第3章

高原での避暑の後、最南端まで

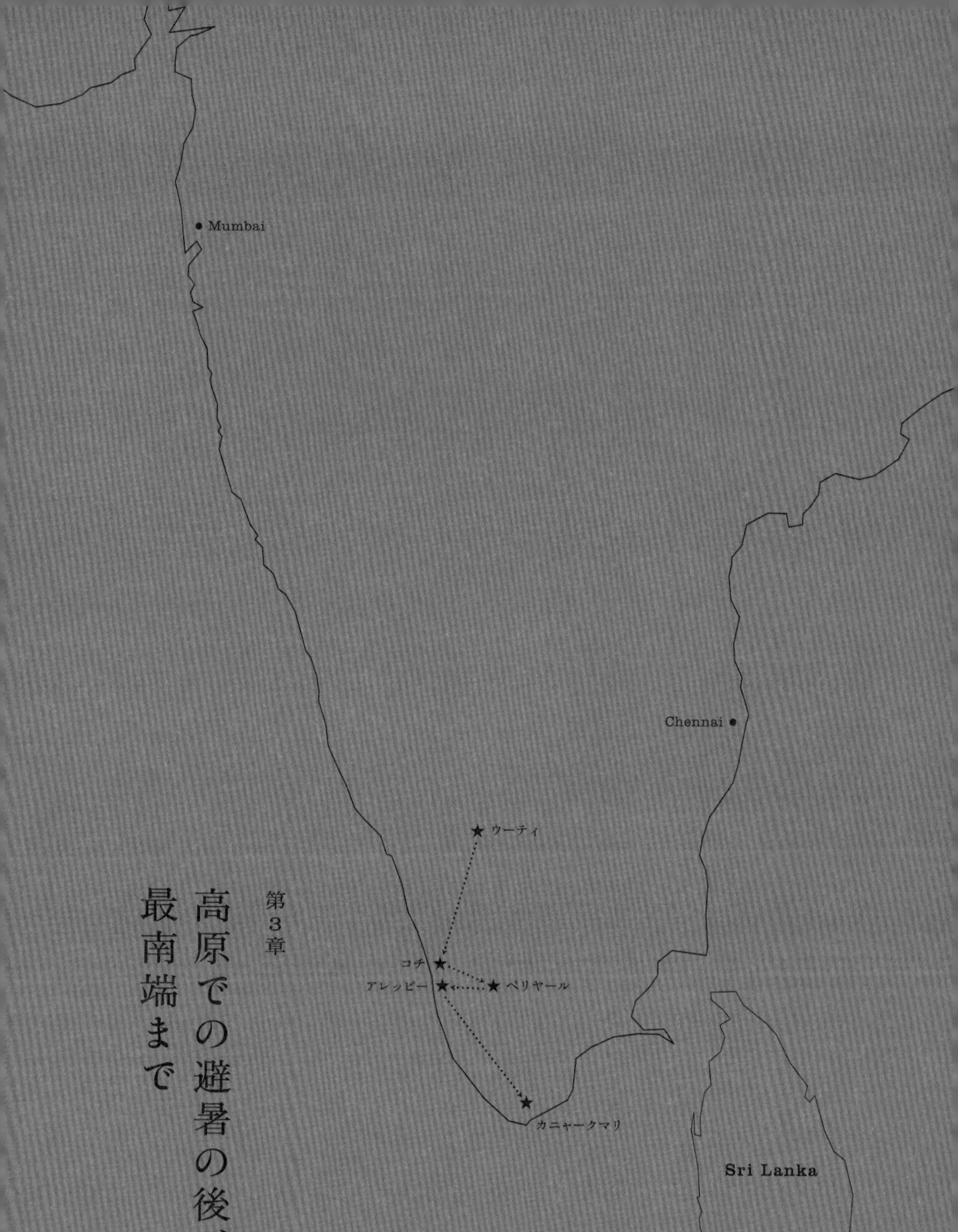

酷暑季が始まってまもないのに、早くも涼しさが恋しくてたまらない。これからしばらくは南下をする一方だから、そんなことを思っても仕方がないとわかってはいるけれど……、と諦めかけたときに知ったのは避暑地ウーティ。標高2200mほどの高原にある街で、ニルギリティーや世界遺産の山岳鉄道が走っていることで有名らしいが、いちばんの魅力はなんといってもこの暑さから逃れられることだろう。

朝、バンガロールを出発して、午後には茶畑が見えるところまできた。野生保護区を通りすぎた際には野生のゾウが車道を闊歩する場面に遭遇し、何度かの休憩ののち、予定より遅い19時すぎにウーティへ。約10時間の移動を終えてバスの外へ出ると、晩秋のような寒さに思わず身震いして、慌ててバックパックから上着を取り出して羽織る。

良さそうな宿を見つけて室内を見せてもらうと、これまで欠かせなかったファンがなくなり、代わりにふかふかの毛布が用意されていた。暑いはずの南インドでまさか毛布のお世話になるとは思いもしなかった。

ウーティ

予想外だらけの避暑地にて

インドにいることを忘れてしまいそうな、絵に描いたような雄大な風景が広がる。

ガイドとの数奇な出会い

翌日外出してみると、ほとんどのお店がシャッターを下ろしていて人通りもまばら。休日でもないのに様子がおかしいと思っていたら、ストライキだという。弱ったな、明日から紅茶農園や丘を巡るトレッキングに出かけたいのに、これではガイドの手配もままならない。

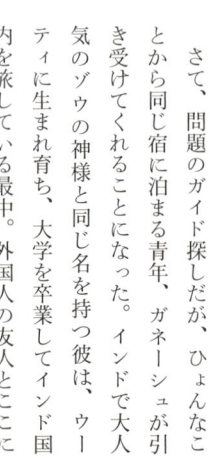

途方に暮れた末、せめてなにか観光らしいことをと駅に向かい、ホームで列車がくるのを待つ。しばらくしてホームに滑り込んできたのは、予想に反してディーゼル車。てっきり蒸気機関車だと思い込んでいたのでその点では残念だったけれど、江ノ電ほどの小ぶりな車体が可愛らしい。時間はたっぷりあるので、最前列から最後尾までしげしげと眺める。

さて、問題のガイド探しだが、ひょんなことから同じ宿に泊まる青年、ガネーシュが引き受けてくれることになった。インドで大人気のゾウの神様と同じ名を持つ彼は、ウーティに生まれ育ち、大学を卒業してインド国内を旅している最中。外国人の友人とここに泊まっていたところ、宿のスタッフからガイドの打診をされたという。次の日はトダ族という少数民族の村で行われる祭を見にいくというので、同行させてもらうことにした。

少数民族の踊りの輪

翌朝、活気の戻ったウーティを11時すぎに出てぎゅうぎゅうのローカルバスに乗り、小高い丘の見えたところで降りたらひたすら歩く。勝手に民家らしき敷地内へと進み、柵を乗り越え、畑の中を通りすぎ、農作業中の人にあいさつをして、それでもまだ先へ。山道を登り切ったところが祭会場のはずなのに誰もいない。ガネーシュがひとり、近くの村へ確認しにいっている間、思い思いに休憩をして過ごす。

新たな場所がわかってもう一度歩き始めると、車座になっている男性の集団が見えてきた。どうやら彼らがトダ族のようだ。刺繍の施してある白いショールに白いサロンを巻いていて、真剣な顔で話し込んでいる。新しいお寺を建てるためにお金を持ち寄っていると

トダ族の羽織っているショールは女性が2〜3カ月掛けて一針一針刺繍を施す。

ころらしい。一通り話し終えたのか、立ち上がると輪になって歌い、踊り始める。低く響く声の重なりがあたりにこだまする。解散後、トダ族のひとりの家に招かれてお昼をご馳走になる。急な訪問にもかかわらず、お米とカレー２種類のランチで快くもてなしてくれた。

予想外の旅路に思いを馳せて

食後は付近を散歩する。ガネーシュがとっておきの場所だといって連れていってくれたのは、周囲の景色が１８０度見渡せる絶景ポイント。「冬になるとここがニュージーランドだといってもいいぐらいにきれいなんだよ」というが、今だって充分美しい。日の光を受けてきらきら輝く川があって、木々がこんもり茂った山があって、どこまでも広がる空があって。ここで瞑想をするのが最高という彼の言葉に従って、しばし座ってぼんやり過ごす。普通にガイドを手配していたらこんな素晴らしい時間を過ごすことはなかったかと思うと、思い通りにいかないのが旅のおも

招かれた家の脇にあったこの建物は寺院。周辺は土足厳禁の神聖な場所。

しろいところだという気がしてくる。

ウーティを離れる日。ここに立ち寄って良かったとしみじみ感じながら列車の座席表を見ると、ない。番号がない！　予約したのにどうして番号が載っていないの？と車掌に詰め寄ると、何度もリストを確認しておかしいな、という顔をしながらも「ここに座りなさい」とすぐそばにあった座席に通された。後で気づいたのだが、空席待ちの番号を座席番号と思い込んでいたみたい。なのにすんなり座らせてくれるという柔軟すぎる対応が、やっぱりインドらしい。

たくさんの人を乗せてほぼ定刻通りに出発したディーゼル機関車は、スピードをセーブしながらゆっくり下っていく。谷に広がる茶畑、その中でお茶を摘む人が遠くに見える。途中、トンネルに入るとなぜか拍手をしながら「ヒュー！」と大歓声が巻き起こる。子供が騒いでいるのかと思ったら、大人が率先して声を上げているのには思わずくすり。興奮した様子で話し掛けてくるおじさんの相手をしながら、やっぱりインドはおもしろくて飽きないぞと考えていた。

いくつかのトンネルを通り抜けてクーヌールの駅まで。所要約1時間。

洗練《コチ》されたステキなインドへ

ふたたびの海沿いらしいむしむしした暑さに、汗が止まらない。無理もない、標高2200mの高原から一気に降りてきたのだから。夜になっても生ぬるい風が吹くばかりで、ちっとも涼しくならないコチの街。にもかかわらず、いちばん暑い時間帯であってもほいほい出かけてしまうのは、おしゃれなカフェだのギャラリーだのアンティークショップだの、心のツボを突きまくるお店があちこちにあるから。完全にコチの洗練された魅力にとりつかれてしまった。

暑さでばててしまっては元も子もないから、1日のスタートはしっかり朝食を取ることから始める。お気に入りは、質の高い料理やケーキと共においしい紅茶をいただくことのできるTEA POTというカフェ。店名の通りさまざまなティーポットややかんが飾られ、食べ終わった後も余韻を楽しんでほうけるのに最適。もう一軒、フォート・コーチン地区のメイン通り裏手にあるKashi Art cafeは、小さなギャラリーの奥に東屋のような風通しの良いカフェがある。フレンチトーストなどの日替わり朝食を提供してくれるこのカフェには、朝8時のオープンと同時にたくさんの人が朝の時間を楽しもうとやってきては思い思いに過ごしていく。

エネルギーを補給し、オートリクシャーを拾って街を走ると日曜日のせいか通りのお店はどこもかしこも閉まっている。まさか、行き先のユダヤ人街もこんなだったらどうしよう。案の定やっていないところもあるが、それでもたくさん並ぶアンティークショップを一軒一軒じっくり見て回ろう。木彫りに強いところ、ランプばかりを集めた店など、店内に入る前にあらかた見当がつくから物色しやすい。中にはどうやって店内に収めたのか首をかしげてしまう巨大な家具や置物まで扱う店もあり、見ているだけでも楽しめる。

今回惚れ込んで購入したのは、約80年前につくられたという天然染料で色づけされた牛の壁掛けと、ブロックプリントのときに使う木製の判。すてきなお宝との出会いに、ほくほく顔でユダヤ人街を後にする。

ほかにもアーユルヴェーダのマッサージも手頃な価格で体験できるし、漁場のそばで取れたての魚介を買って持ち込むと好きなように調理してくれる屋台風レストランもあるし、しばらくここで暮らしてみたくなるほど、コチの魅力にどっぷりの3日間だった。

ところで、コチの街を歩いていると小脇に仏語版『ロンリープラネット』を挟んだフランス人とよくすれ違う。コチが洗練されているのはフランス人ツーリストが多いおかげと思えば、妙に納得できる気がする。

上／カフェのあちこちに配置されたやかんを見るのも楽しい。　下／アンティークに興味があるならユダヤ人街は一見の価値あり。

ペリヤール

スパイスジャングル分け入って

インド人の暮らしとは切っても切れないスパイス。料理のみならず天然の薬としても重宝されるし、かつては通貨の役割を果たすほど貴重なものだったというから、スパイス本来の効能以外にもなにか魔力みたいなものを持っているように思う。そのせいだろうか、スパイスの楽園という文字を見たらどうにかしてその街へいきたいと思ってしまった。それがスパイスガーデンと呼ばれる家庭の庭が村のあちこちにあるペリヤールだ。

どうやらペリヤールというのは地域名で、クミリーという村がその中心地になるらしい。夜はだいぶ涼しいからずいぶん標高の高い地域まできたと思ったら、せいぜい900mほどとのこと。周囲を野生動物保護区に指定されているせいか、はたまた車の数が少ないためか、同じ標高のほかの街に比べて体感温度が低く感じられる。

左／木の実ほどの大きさのジャングルトマトは、かじるとプチっとはじける食感が魅力。
右／スパイスガーデン内を案内してくれた女性。

スパイスガーデンを見学

次の日は快晴。即座にオートリクシャーを手配してスパイスガーデンツアーへ繰り出す。中心から数キロ離れただけで、たくさんの植物で賑わう敷地が道の両脇にずらりと並ぶ風景に変わる。そのうちのひとつの門をくぐると、そばになっているグァバをどうぞと差し出される。まだ青さの残るグァバをかじりながら、鬱蒼とした緑の中へ入っていく。

「カレーリーフはケララ料理に欠かせないの。味の決め手になるから」「これはオールスパイスという葉。5種類のスパイスの味がするのよ。噛んでみて」「ジャングルトマトよ。小さいけどトマトみたいな味がするでしょ」

ジャングルみたいに植物が生い茂るスパイスガーデンで葉っぱをちぎってはかじり、実をもぎ取っては味わい、いつしか口の中はなん

ガイドの娘は見慣れない訪問者に興味津津の様子。

とも不思議な味でいっぱいになる。説明も意外な発見が満載でおもしろい。コショウも製造過程によってグリーンペッパー、ブラックペッパー、ホワイトペッパーに分かれることを、ここで初めて知った。

最後に収穫したばかりのパイナップルをご馳走になって終了。パイナップルの甘さが体に染みるのは、たっぷり2時間歩き続けてさすがに疲れたせいだろうか。まだまだ奥には敷地が続いていそうだし、いったいどれぐらいの広さなのかを聞いてみると7エーカー（約28000㎡）もあるという。世話をしたり収穫したり、スパイス単体はごくごく小さいのに、それにかかる手間を思うとため息が漏れる。

紅茶工場の名もなき紅茶

次に向かった先は紅茶工場で、一歩足を踏み入れるとむわっとした熱気に全身が包まれる。それは摘まれたばかりの茶葉から発せられるものだった。この茶葉に大量の風を送り、数日かけて乾かしてから細かく裁断し、機械

茶葉を手際よく揉んでは穴に放り込んでいく。穴の下は紅茶づくりの機械と直結している。

で厳しく選別する工程を幾度も経て、納得いく品質のものだけがパック詰めされる。この地域の茶葉はダージリンなどといった特別なブランド的名称はなく、各工場の名前がついた紅茶として販売されているようだ。

とはいえ、ここで試飲したストレートティーは今までインドで飲んだどの紅茶よりもおいしかった。それもそのはず、今年度産のは紅茶協会から高評価を得たそうで、記念に贈られた盾があった。いずれこの地域の紅茶がペリヤールティーと呼ばれて珍重される日も遠くはないのかもしれない。そうなれば、茶摘みの人たちが朝から夕方まで1日7時間働いて得る最低賃金の額が、現在の84ルピー（約168円）からもっとアップするだろう。

おまけでカルダモン農園へ

ランチ休憩を挟んで、ドライバーの親戚がやっているカルダモン農園におまけで連れていってもらう。先ほどのスパイスガーデンにもカルダモンはあったけれども、ここは一帯がカルダモンのジャングル。ひょろひょろ伸

スパイス以外にコーヒーや紅茶といった嗜好品、アロマオイルも扱う。

びた茎の根元から細長い枝のようなものが出ていて、そこにたくさんのカルダモンの実がなっている。摘み立ての実をほぐして種をかじってみると、それはそれは強烈な味。乾燥のものでも結構強い風味があるのに、生はその10倍はあろうか。チャイに入れたら風味が立っておいしいそうだ。

3時間で見終えるところを5時間もかかってしまったが、知識も豊富で案内上手なドライバーのおかげで大満足のツアーとなった。

次の日は、前日のスパイス熱が冷めないうちにとスパイス屋を物色しにいく。さすがはスパイス取引の中心地、SPICEと書かれた看板があちこちに溢れていて、カルダモン専門店のような1種類だけを扱うところもあれば、さまざまな種類のほかに独自ブレンドのスパイスを売っているところや、オーガニックのものを多種取り揃えているショップも。使いこなせる自信はないのに、ついあれこれ手を出してしまってバックパックの貴重なスペースを奪う結果となった。しばらくはスパイスの香りと共に、旅を続けることになりそうだ。

アレッピー

歩く速度で水郷地帯をクルーズ

船をまるまる一艘借り切って、毛細血管のごとく複雑に張り巡らされた水路を縫うように進む、心地良い風に吹かれながらののんびりクルーズ一泊二日の旅。ただし、極上の時間を過ごしたいなら乗船前にやるべきことがある。まずは素晴らしい船と出会うべくさまざまな代理店で比較検討して申し込むこと、あとビールも忘れずに買っておくこと。

楽しい船旅をするために

アレッピーはバックウォーターと呼ばれる水郷地帯を、かつての米を運搬する船に似せてつくった客船「ハウスボート」で巡る拠点として知られ、南インドを旅するならはずせない街のひとつだ。水の上を走るホテルともいうべきハウスボートに乗ることはこの上なく優雅な体験だが、それなりに値段も張るから慎重に決断したいところ。道端で「ハウスボート乗らない？」という勧誘をしょっちゅう受けるが、ここは自ら何軒かの代理店に出向き、どんな条件なのかを確かめたい。結果、泊まっている宿で話を聞いた小さめのハウスボートは細い水路も運航可能で、３食・おやつ込み・ミネラルウォーター付きで納得の価格だったのでそれに決めた。しめて３２５０ルピー（約６５００円）。

乗船当日、ビールの買い出しを済ませてから船着き場へ向かうと、写真で見た通りのハウスボートが出航を待っていた。質素ながらも設備は申し分なく、特に船首の上に設えられたデッキスペースが気に入った。屋根の上にはソーラーパネルが、また汚水処理用のバイオタンク完備ということもわかった。近年バックウォーター観光が大きな収入源となっているためにハウスボートの数がみるみる増え、その運航が川を汚染する一因といわれている。せめて負荷を軽減する努力は惜しまないようにしなければ。

川沿いに暮らす人との触れ合い

ウェルカムドリンクを飲んでいると、ゆっくりボートが動き出した。停泊中のボートすれすれを抜けて細い川から大きな川に出たら、同じ時間帯に出航したほかのハウスボートもやってきてたちまち行列ができる。インドはただいま夏休みシーズンにつき、家族連れやハネムーン風のカップルなどたくさんの

干し魚のフライにいろいろな野菜のスパイス煮のランチ。ココナッツの風味が効いたやさしい味わい。

バランスをとるのが難しそうな不思議な形のボートをやすやすと乗りこなしているのはさすが。

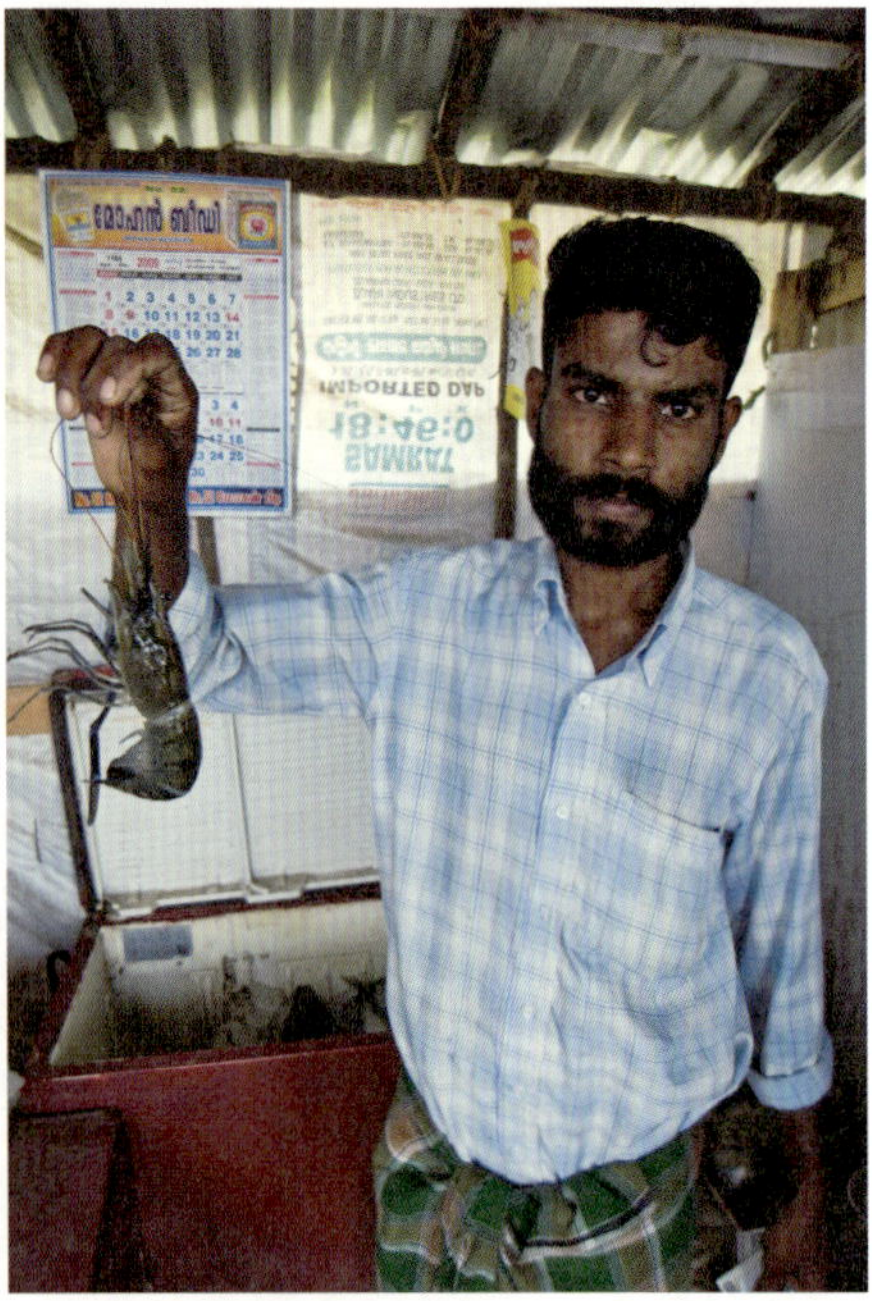

上／水辺の暮らしの息づかいを感じられることこそ、狭い水路を通る醍醐味。
下左／カメラを向けると途端に恥ずかしそうにする少女たち。　下右／寄港中にTIGER PRAWNという立派なエビを2尾購入。

インド人で大賑わいだ。

途中で支流に向かうと列はばらけて、だいぶ静かになった。両側には背の高いココナッツの木が延々と続き、ところどころに生えているマンゴーの木はデッキに上って手を伸ばせば実がもぎ取れそう。

船が通りすぎる瞬間、水浴び中の親子や川岸で釣りをしている女の子が「バーイ！」といって笑顔で手を振るので、こちらも同じく「バーイ！」と返す。船のスピードが歩く速度と変わらないから「どこの国？」「名前は？」と質問しながらついてくる子までいた。この船はゆっくりな上、川岸にいる人と同じぐらいの目線になるから川での暮らしをより身近に感じられるのかもしれない。だから、のどかな水辺の風景はただ眺めていても全然飽きないし、ときどき話し掛けられるから人との触れ合いも味わえておもしろい。

上陸後のかわいいおねだり攻勢

船を停めておいしいランチをいただき、昼寝をし、また水路を進み、チャイとビスケットでティータイムを過ごし、太陽のオレンジ色がだんだん濃くなったあたりで本日の運航は終了。小さな村の川岸に船を停泊させると、これからディナーの準備をするからしばらく散歩に出かけたら、ということで道幅が人ひとり分ほどのこの村を散策してみることに。

大人たちは夕飯の支度をしながらこちらを見てニコッとするだけだが、子供たちは嬉々として後ろをついてきて、いろんな質問をしてからペン持ってない？とおねだりしてくる。商店はあっても必要最低限のものしか置いてないだろうし、外国人の訪問はなにかもらえるかもしれない絶好のチャンスと思って、彼らも粘ってあれこれ手段を講じる。一生懸命交渉しながらも、かわいらしい微笑みは絶やさない。

極上の晩酌シチュエーション

船に戻ったらそろそろサンセットタイム。よし急げとビールを持ってデッキへ上り、赤く染まる空の下、からからに乾いた喉にビールを流し込む。家路を急ぐ鳥の群れの鮮やかなフォーメーションを見ながら、ヤシの葉が風に揺られてさわさわいう音を聞きながらの晩酌は、これまでのインドの旅でいちばん贅沢なシチュエーション。すぐに瓶が空になり、あっという間に飲み尽くしてしまった。ディナーはランチ同様やさしい味わいのケララ料理づくしで、おなかがはち切れんばかりに食べた。まだ夜も早いのに酔いも手伝ってか眠たくなって、早々に寝室に引き上げる。

目が覚めてドアを開けるとまぶしい朝日が飛び込んでくる。朝食後はどこへも寄り道せずに一路アレッピーへ。カヌーに乗って大勢のカモを追い立てているカモ追いのおじさんを追い抜き、あとはぼんやり川岸の景色を眺めていると元の船着き場が見えてきた。

川に暮らす人たちの日々の暮らしも、緑豊かな美しい川辺の風景も堪能し、本当ののんびりを味わえた最高の船旅だった。適度な距離を保ちながら接してくれた操縦士兼コックのスタッフたちも素晴らしかったし、夕日とともに楽しむビールは言わずもがな。あとはこのハウスボートでのクルーズがいつまでも続けられることを願うのみ、である。

カニャークマリ

笑い声が響く、最南端の聖なる海

男性は海の中で、女性は波打ち際で。ずいぶんと楽しそうな沐浴風景。

インドの最南端にようやく到達。日本を出てから約2カ月、デリーからスタートしたインドの旅の、一応の折り返し地点となるここカニャークマリは、ベンガル湾とインド洋、アラビア海の3つの海がぶつかり、インドで唯一、海からの日の出と日没を拝める場所。ヒンズー教の聖地としても知られていて、この海で沐浴し、朝日と夕日を拝もうとインド各地から最果てのこの地を目指すというから、どれほど厳かな雰囲気に満ちたところかと思っていたら……。

海の見える場所には何軒もの高級そうなホテルが並び、菜食をよしとするヒンズー教の教えはどうしたのか、肉や魚を提供するレストランを併設していて、さらにバー完備のところまである。これではバカンスで訪れるのに絶好の地、といった趣ではないか。さらに海岸にいけばさまざまな露店とたくさんの人がひしめき合って縁日のように賑わい、海のほうからはキャーキャーとひっきりなしに笑い声が聞こえる。本当にここは聖地？

夕暮れ時の海には、パンツ一丁で波に揉まれてゲラゲラ笑う男の子たちや、波打ち際で足を浸すばかりだけど、ときどき食らう大きな一発でびしょ濡れになるのをかえって楽しんでいるように見えるご婦人方でごった返している。遠浅の海岸ではあるが、岬なのでつねに強い風が吹きつけて波は高く激しく、大きな岩がゴロゴロ転がり、決して安心して入れる海ではないのにそんなことはお構いなしといった様子だ。

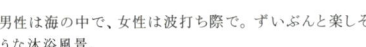

危うくこの愉快な沐浴シーンに夢中になりすぎて、夕日を見るという目的を忘れそうだった。海に落ちる夕日を見られるポイントはどこかと歩き出し、もうすぐ沈むという段になって気づいた。ここからは見えない！　そうか、だからさっきオートリクシャーのドライバーがサンセットポイントにいかない？と声を掛けてきたのか。ああ、なんて惜しいことを……。がっかりしたのはもちろんだが、待てよ、朝日ならここでも海から姿を現すということ？　よし、なんとしても明朝は見逃すまい。

5時半、外はまだ暗い。廊下からときどき声が聞こえてくるから、ほかにも朝日を見ようと早起きした人がいるようだ。準備をして

日の出を見つめる横顔。周囲の空気は神々しさに満ちていた。

表へ出ると空がだいぶ白んできた。しかしホテルの並ぶ通りに人の姿はほとんどない。おかしいなと思いつつ海にいくと、すでに大勢の人が待機中だった。

ほどなく、線香花火の中心みたいな色をした太陽が雲間から顔を出す。うっすら雲がかかっていたので海から昇る朝日とはいかなかったが、じっとその様を見つめてたたずむ後ろ姿の、なんと美しいことか。横からも朝日に照らされた神妙な顔を眺めて、神聖な空気を感じる。

気がつけば、海と朝日をバックに不思議なポーズを決めて写真を撮る人がちらほら。なるほど、手のひらに太陽を載せているようなユニーク写真の撮影をしているのか。若い人だけでなく、これまで笑顔を浮かべることなく写真に収まっていたおじさんでもこんなポーズを決めて撮影しているのには、思わず笑ってしまった。ここには聖なる時の流れとお楽しみの時間とが同居している。当初抱いていた聖地のイメージとはいろいろ違ったが、この渾然一体とした感じが聖地らしからぬ聖地の、大きな魅力かもしれない。

家族揃って遠くの赤い一点を見入っている姿に心を奪われる。

column
③

ケララ州は魅惑の宝庫

ツーリストに人気の南インドのケララ州はとにかく見どころがたくさん。
観光も食事も買い物も、なんて欲張っているといくら時間があっても足りないが、
その中でも「これは体験してよかった！」というのがこちら。

◉ 料理教室 ◉

ケララ州の料理は素材を生かしたまろやかな味つけで、なにを食べてもとにかくおいしい。ならば、とスパイスの産地として知られるペリヤールで料理教室に参加。一般家庭のキッチンにお邪魔して、日々家族のためにご飯をつくるお母さんから手ほどきを受ける。チキンカレーにオクラのスパイス炒め、豆のつけ合わせココナッツ風味と、主食となるパロタ（ナンと同じ小麦粉からつくるふわふわしたパンのようなもの）を数時間掛けてつくり、最後には試食タイム。アットホームな雰囲気でいただく夕食はとびきりの味わいだった。

◉ カタカリ ◉

顔にカラフルな化粧を施した男性が、目や手の動きで感情を表現してヒンズー教の神話を展開するインド版歌舞伎と呼びたくなるような伝統舞踊、カタカリ。コチの劇場では事前に化粧の様子や劇の内容をレクチャーしてくれるため、予備知識がなくてもしっかり楽しめる。

◉ チャイニーズ・フィッシング・ネット ◉

巨大なクモの巣みたいな装置を大掛かりに上げたり下げたりを繰り返すという、かなり変わった魚の捕り方をする漁の風景はコチを訪れたらぜひ見ておきたいところ。後ろで眺めていたら「やってみるか？」と声が掛かり、見よう見まねで引き上げるお手伝いを。なかなかの重労働で、これを日に何度も繰り返すというのだから頭が下がる。

第4章 エコヴィレッジでの暮らし、昔ながらの暮らし

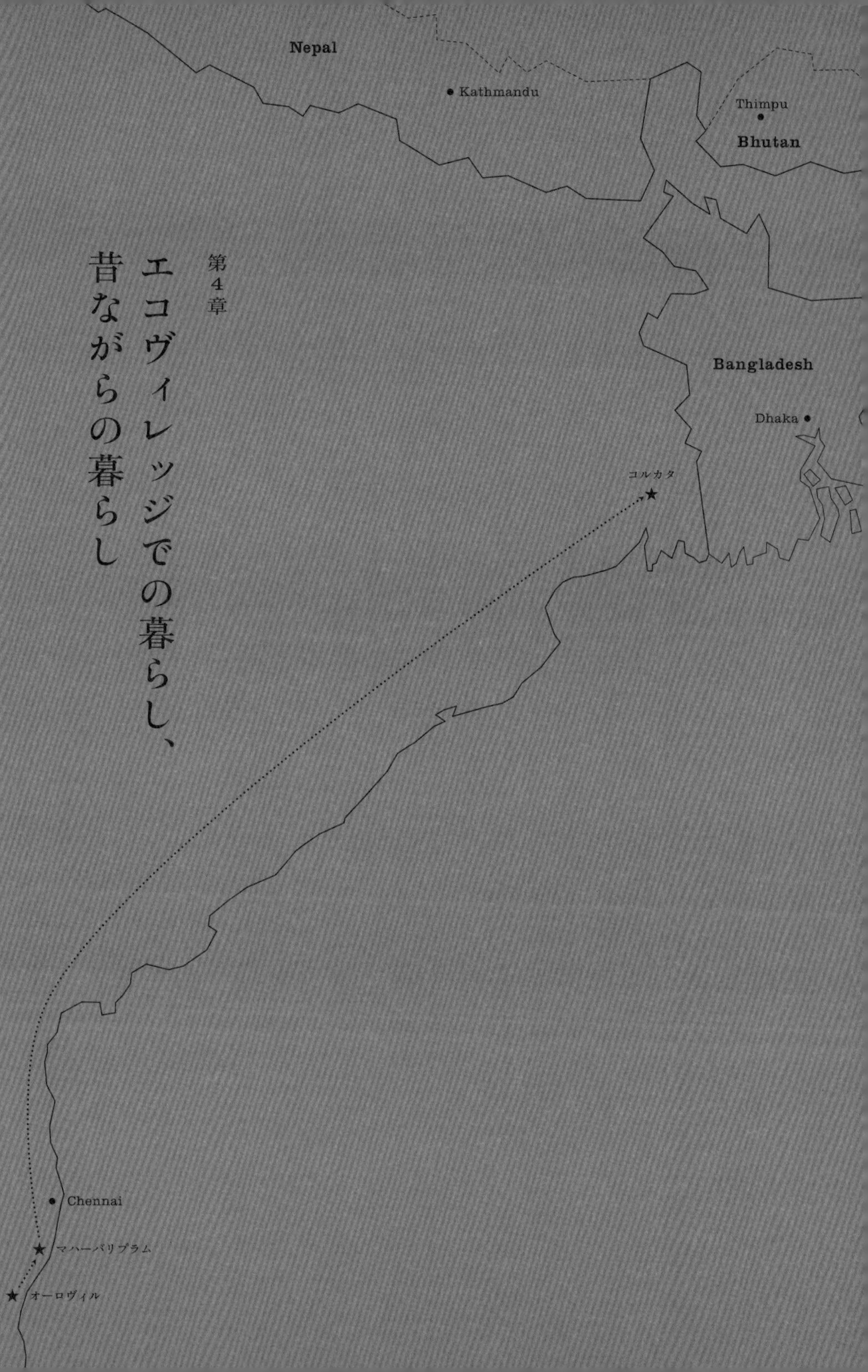

オーロヴィル

エコヴィレッジの黄金の瞑想施設

世界最大のエコヴィレッジ*がインドにあるらしい。そこには金色に輝く巨大なゴルフボール形の瞑想施設があって、中には世界最大級の水晶玉が安置されている。強烈な印象と勝手な想像が頭の中で増殖してしまった以上、実際にいってみなければ気が済まない。それが、オーロヴィル訪問のきっかけだった。

　オーロヴィルは宗教や政治、国籍などを超えて集まった者たちで力を合わせ、自然の恵みを最大限活用したエネルギー開発や、循環型農業によって自給を目指そうとの目標を掲げた実験都市。哲学家シュリ・オーロビンドの考えに共鳴したフランス人のマザーと呼ばれる女性の提唱で、１９６８年に創設された。現在でもインド政府から協賛を得て目下実行中の、砂漠の緑化や家畜の糞尿をエネルギーに変えるプロジェクトはほんの一例にすぎず、ほかにも優れたデザインで高品質のプロダクトを生み出すなど、クリエイティブな刺激に満ちたコミュニティである。

難航した飛び込みでの宿探し

　ポンディシェリーから12km離れたオーロヴィルへはオートリクシャーで向かう。幹線道路をはずれて左折し、しばらくいくと道路がアスファルトから赤土に変わり、建物の数もどんどん減ってついには木が生えるだけになる。元々は不毛の荒れ地だったこの場所に植林をし、土手やダムを築いて水を確保したことで、人が住める環境に整備していったという経緯がある。

　30分ほどで到着して、まずはビジターセンターを訪ねる。ここで地図を購入し、裏面に書いてある情報を頼りに宿探しを試みるが、コミュニティ内にはほとんど標識がなく、目印になる建物も見当たらないので現在地がわからない。たまにやってくるバイクを必死で止めて道を尋ね、なんとか宿を見つけることができた。飛び込みで宿探しをするのはどうやら少数派のようで、電話を入れてからくる予約客がほとんどだと、後から知った。

黄金の瞑想施設を見るために

それからは、黄金の瞑想施設マトリマンディル見学のために必要な手続きをこなしていく。まずは敷地内のビューポイントから外観を見ようと、再度ビジターセンターへ出向いてマトリマンディルの説明ビデオを鑑賞する。その後に発行されるガーデンパスを手にしたらビューポイントへ。青空と芝生の間で光り輝くマトリマンディルは、異質ながらも圧倒的な存在感で堂々とたたずんでいた。

一度敷地を出て、今度はメインゲートに向かう。事務所でマトリマンディル内の見学の申し込みを、と思ったらすでに明日の予約はフル、明後日は休館日だから最短で3日後と告げられる。どうしよう、明後日にはここを出る予定にしているのに。するとスタッフが、入れるかどうか確実ではないけど、という前置きをしてから明日分のウェイティングリストに名前を追加しておいてくれた。

ドキドキしながら指定された時間より早くメインゲートへ到着して、見たいという熱意を行動でアピール。それが功を奏したのかどうかは不明だが、見学OKの返事を聞いたときには興奮で鳥肌が立った。

ガイドから集合の声が掛かって、オーロヴィル成り立ちのおさらいと注意事項の説明を受ける。静かにすることのほかに、長ズボンの人は裾を折ることとか、中に入る前に咳やくしゃみを出し切っておいて、というのには周囲から笑いが起こっていた。では、と立ち上がってガイドの後をついていき、階段を上って途中でサンダルを預け、先ほどの注意事項を忠実に実行してから、いよいよ中へ。

左／木陰で涼みながら望むマトリマンディルは格別。　右／交通路は大きな木陰のトンネルに赤土の道。

上／今度はマトリマンディルがある敷地内近くから眺める。手前のバニヤンツリーも見事。
下左／時折目にする電動自転車用の充電スタンド。　下右／シュリ・オーロビンドの銅像前にはきれいに飾られた花が。

ついに迎えた瞑想室でのひととき

薄暗い空間に入るとゆるいカーブを描くベンチに座るように促され、そこで備えつけの白い靴下を履く。準備が整ったら一列に並んで静かに歩く。手塚治虫のアニメで見たような近未来的空間には、大きならせんのスロープが壁に這うように上へ上へと延びている。全体がオレンジの光に包まれた室内を歩いていると、瞑想するための部屋に向かうというよりはどこか未知の場所を探検しているようでわくわくする。上りきった先にある小さな入口をくぐったら、あ、大きな水晶玉。なんと直径70㎝もある代物らしい。ここだな、瞑想室は。

外の蒸し暑さとは正反対の、ひんやりした瞑想室の中に足を踏み入れる。壁も大理石の床も、瞑想用のマットもクッションもすべて白一色の空間は、自分の存在を際立たせ、自己の内面に目を向けさせるようで畏怖の念を感じる。わずかに開いた天窓から差し込む一筋の光が中心に置かれた水晶玉を照らし、神秘と静寂と異様さが入り交じった独特の雰囲気で満ちている。自分の呼吸さえもはっきり耳に届くほど静かすぎるこの場所では、体勢を変えるときの洋服が擦れる音ですら大きく反響する。いつしか向かいのあたりから寝息が聞こえてきて、すかさずガイドが起こしにいく。瞑想に集中できているようないないような気分でいるうちにタイムリミットの15分はあっけなくやってきて、まだまだ中に残っていたい気持ちを引きずりながら外へ出る。待ち構えていたように降り注ぐ強烈な日差しに、汗が噴き出す。

なにかと手続きが必要なことに煩わしさも感じた。しかしオーロヴィルは観光地ではないので、それなりに事前準備や心構えが求められるのはやむを得ないだろう。それを乗り越えてしまえば黄金の瞑想施設マトリマンディルを始め、ユニークな建築や優れたプロダクトなどさまざまなMade in Aurovilleが、たくさんの驚きと新鮮な感動をもたらしてくれることはどうやら間違いなさそうだ。

＊エコビレッジ：環境に負荷を掛けない持続可能な暮らしを目指すコミュニティ。有機農法や自然エネルギーの利用などの実践に積極的に取り組む。

石とたわむれ、時に泣かされて

マハーバリプラムは海沿いにある小さな村。宿やレストラン、お土産屋などがまとまって並び、かつさまざまな名所へも徒歩圏内といううれしい立地のこの村の見どころは、石にまつわるものが多い。

近場で石の見どころを巡る

クリシュナのバターボールと呼ばれる、斜面の上に立つのに押してもびくともしない丸い奇岩の日陰では先客のヤギが休憩中。その脇には天然すべり台があって、子供だけでなく大人も楽しそうに滑っている。順番待ちの人がいなくなったのを見計らってスタンバイすると、想像以上に傾斜がきつくて一瞬ひるむ。滑ってみれば結構なスピードで、見た目の割にスリリングなアトラクションだった。

それからはバターボール周辺に点在する寺院を巡り、巨大スクリーン級の壁いっぱいに彫られたアルジュナの苦行という浮き彫りを見にいく。丸みを帯びていて素朴な印象の彫刻なのに、精巧な作品を見るときよりも一つひとつ細かいところまで見入ってしまうのは、表情や容姿の表現に「こんな風に見せたい」という強い主張が感じ取れるからだろうか。とてもいきいきしているように見える。

てくてく歩いて海方面へ向かうと、世界遺産にもなっている海岸寺院に到達する。長い間、潮風にさらされていたせいでかなりダメージを受けてはいるが、その朽ちた感じが独特の風情を醸し出している。寺院のすぐ目の前が海というロケーションも素晴らしい。保護の目的で設置されているフェンスや防風林が味気なくて残念だが、ずっと守り伝えていくためには必要不可欠な対策なのだろう。

夕方、岩を切り崩してつくられた寺院の集合体、ファイブ・ラタへ。子供たちが歓声を上げて走り回ったり彫像に登ったりと、こちらも世界遺産のはずなのに、公園の遊具で遊ぶ感覚で慣れ親しんでいるのがおかしい。しかし、200年前に発見されるまで砂に埋もれたままだったということもあるだろうが、保存状態がここまで良いというのは珍しい。

帰りは沿道に連なる石像の工房の間を、職人がのみを振るうカンカンという小気味良い音に包まれながら歩く。

何軒も続く石像の工房兼ショップを気が向くままに物色。怒りの表情を浮かべたブッダをお土産に。

上／つねに吹きつける潮風の影響か、独特の丸みを帯びた海岸寺院。　下／迫力あるアルジュナの苦行。誰もが足を止めて見入ってしまう。

不思議なバランスで立っている巨岩の周りには観光客だけでなくヤギも集まってくる。

はるか先まで続く石段を前に、気が遠くなりそう。

ありえないビールの飲み方

よく動いた1日を締めくくるには当然ビールでしょ、とオーダーすると、選挙中だから出せないという衝撃の一言。ここ1カ月、インド各地で選挙が繰り広げられていて、投票日には酒屋は休業、レストランでもアルコールの提供をやめるらしい。ただし、裏技がちゃんと用意されている。それは瓶からティーポットに移し替え、グラスではなくマグカップで飲むというカムフラージュ作戦。この荒技のおかげでビールがおあずけにならずに済んだ。

まるで修行の、長く熱い石段

翌日はモペットを借りて17km離れたティルカリクンドラムまで寺院詣で。まだ午前中なのに吹きつけてくる風はかなり熱くて、ツーリングを楽しむ余裕もあまりない。しばらくして右前方の山の上に見えてきた建物が、目指すヴェーダギリーシュヴァラ寺院だ。

寺院に着いたらサンダルを預けて裸足になり、550段の石段に挑む。段差が大きく、足をしっかり上げないといけないからなかなかきつい。さらなる問題は、直射日光にさらされたっぷり熱を含んだ石の上を歩かなければいけないことだった。脇に生えている木が日傘代わりになってくれるうちは、ささっと駆け上がって日陰で一旦休止もできたけれど、上へ進むにつれて太陽を遮るものが一切なくなり、石段はより一層熱くなっている。

覚悟を決めてダッシュで駆け上がる。中盤まではなんとか持ちこたえたが、足が疲れてくるにつれて徐々にペースは落ち、それに比例して足裏接地時間が長くなるのでやけど寸前。それでも諦めずときどき足踏みして休憩し、ラスト20段は雄叫びを上げながら最後の力を振り絞って夢中で寺院の中へ飛び込んだ。足の裏は痛々しいほどに真っ赤になっていて、普通に歩くのもしんどい。

ヒンズー寺院でのありがたい参拝

なんとかシヴァ神の祭られている祭壇までいくと、僧侶がすかさず近づいてきてお祈りの儀式をしてくれる。ヒンズー教の寺院で異教徒が立ち入りできるところはそうそう多くはないので、滅多にない機会に感謝しながらお参りする。終了後、お布施を渡して去ろうとしても、もっとくれと粘る僧侶。すでに充分な額を渡したでしょ、とその要求をはねのけ、お礼をいって外に出る。街を一望できる、風のよく通る半屋外のスペースで足を休ませたら階下へ向かう。

ここには2000km離れたヴァラナシからはるばるワシが飛んでくるという、信じられない伝説のある餌場がある。が、しばらく待っても一羽もやってくる気配はなく、ふたたび熱い石段を歩いて降りる。下りのほうが楽だろうと思ったが、すでにダメージを受けた足の裏にかえって負担がかかって難儀する。早朝か夕方に訪れればこんな大変な思いをしなくて済んだだろうけど、その代わり寺院本来の静けさの中で参拝することができた。

修行のような参拝を終えた後は、お約束のビールで労をねぎらう。選挙終了後の今日はちゃんと瓶入り、グラス付きで格別のおいしさだったのはいうまでもない。

コルカタ

強烈に漂う、生きるにおい

ここは本当にあのカルカッタ?

道に落ちているゴミの量がインド一で、人口密度は世界一。往来する人や車の数が尋常ではなく、怒鳴り声とクラクションで四六時中騒々しい通りを歩けば、待ってましたとばかりに群がってくるしつこい客引きや物乞いたち。かつてカルカッタと呼ばれていたコルカタにまつわる話にはろくなものがなく、ここを通過しておけばインドのどこへいっても大丈夫といわれるほどに強烈なイメージを抱かせる街。これは相当気を引き締めていかないと、と意気込んで降り立ってみたら、あれ、さほど手強い感じがしない。肩透かしを食った気分だけど、内心ほっとした。

チェンナイから電車に揺られること27時間半。一歩駅を出た瞬間に何人ものタクシードライバーが体をこすりつけるようにしてやってきては「タクシー?」としつこく言い寄ってくるのには少々まいったが、バスに乗って安宿の集まるサダルストリートへきてみたら、日曜日のせいか大半のお店が閉まっていて静か。今日のところは洗練されたブックショップやカフェ、レストランの集まるパークストリートへいって体を慣らしておこう。

前日の静寂が一変の無秩序さ

翌朝見た街はなるほどこれが噂の、という雑多ぶり。頭にとてつもなく大きな荷物を載せて歩く人の脇を、客を乗せた人力車が走り、遅くて邪魔だといわんばかりにリヤカー付きの自転車がベルを鳴らし、そのわずかな隙を縫うように歩行者が通る。すると背後から容赦ないクラクションの音が聞こえてきて、我が物顔で走り去ろうとするタクシーや自家用車。秩序もなにもあったものではないが、どういうわけか事故を起こさずにちゃんと通行していることに感心する。ゴミも確かに街の至るところで見かけるが、それはインドのほかの街でもよく目にする光景だし、噂ほどの汚い印象は感じられない。

もっとさまざまな街の表情を見たくなって、用事ついでにトラム(市電)に乗ってみようと思い立つ。ところが、一向にトラムがくる気配はない。バスは何本も数珠つなぎでやってきて、たくさんの乗客を乗せたり吐き出したりしている。走り出したバスに器用に飛び乗る人も多い。あ、やっとトラムが、と思ったら行き先違いで乗れず、乗車を諦めた。

車体のでこぼこ感が味わい深いトラムが、ゆっくりゆっくり街を駆け抜ける。

上／これぞカオスの見本といった風情のコルカタの街並み。　下／眉間にしわを寄せて目的地までのバスがくるのをじっと待つ人たち。

上左／日常の交通手段として現役で活躍している人力車。　上右／お供え用の花を運ぶ男性。
下／カーリーは黒い母の異名を持つ戦いの女神。寺院周辺にはこんな壁画をちらほら見かける。

街をぶらつくのが最高の観光

帰り道、用事を済ませてぶらぶらしていたら、ひときわ賑やかな通りに遭遇。ここはどうも問屋街のようだ。この活気、今朝見た光景の比ではない。なにせ邪魔にならないように歩いているつもりでもどんどん人がぶつかってくるし、うっかりしていると車に轢かれそうになる。お祭りさながらの大混雑で決して居心地は良くないが、あてもなく歩いているだけなのに気分が妙に高揚する。

一通り見終えたところで、あ、トラムだ！帰る方向に進んでいるようなので、乗り場でもないのにゆっくり走行を続けるトラムに飛び乗る。さっきから歩行者と同じスピードを保ったままスピードの上がらないトラムには、廃止の二文字がちらつくようだがこんな調子では必然の成り行きといえるだろう。ただ、交通手段としては頼りなくても、街を観察するのにこれほどぴったりな乗り物はない。だって写真を撮りたいと思ってから、カメラを構えてシャッターを押しても間に合うほどだもの。

生への執着に圧倒される

次の日もあちこち歩き回って、夕方やってきたのはカーリーガート。ここにはコルカタの地名の由来ともなったおどろおどろしい女神、カーリーを祭った寺院と、マザーテレサによって設立された死を待つ人の家がある。そして、それらを取り囲むように道に座り込んでいる人があちこちに。特に歩行者天国ではその数も多く、通行人をじっと見つめていたり、右手を差し伸べてきたりする。この人たちの間をただ通りすぎるだけでものすごく体力を使った気になるのは、生きるのに必死になっている姿を目の当たりにし、そのすさまじいパワーに圧倒されるからだろうか。

息をするのと同じぐらい生きることに特別な関心を払っていない者にとって、インドは強烈に生を意識させるし、普段なら気づかないことに目を向けるきっかけをくれる。面倒くさいこともうっとうしいこともたくさんあるけれど、楽しかった、素晴らしかっただけでは終わらないところが、インドにどっぷりはまってしまう理由なのかもしれない。とりわけコルカタはほかの街に比べて考えさせられる瞬間が多く、見たいものも見たくないものも、あらゆるものがたっぷり詰まっている。

鮮やかな花の色と人びとの汗

コルカタを発つ日、電車の時間まで少し余裕があるのでハウラー橋のふもとにあるムッリク・ガート花市場へ出かける。歩道橋を上ると、眼下には色とりどりのお供え用の花と、その中を忙しそうに行き交う人びとの群れ。下へ降りてその群れに加わって見物をする。取引は真剣そのもので、ほうぼうからけんか口調でまくし立てる声が聞こえてくる。その様子に気を取られていると、荷運びをする人から「どけ！」と怒鳴られる。皆汗をぬぐいながら必死の形相だ。やっぱりここにも同じ、生きるにおいみたいなものが充満している。

コルカタを通過しておけば〜という話にびくついていたことに、今となっては苦笑してしまう。だって、コルカタほどインドらしいたくましさに満ちたエキサイティングな街は、ほかにないのだから。

column
④

髪の乱れに物申す

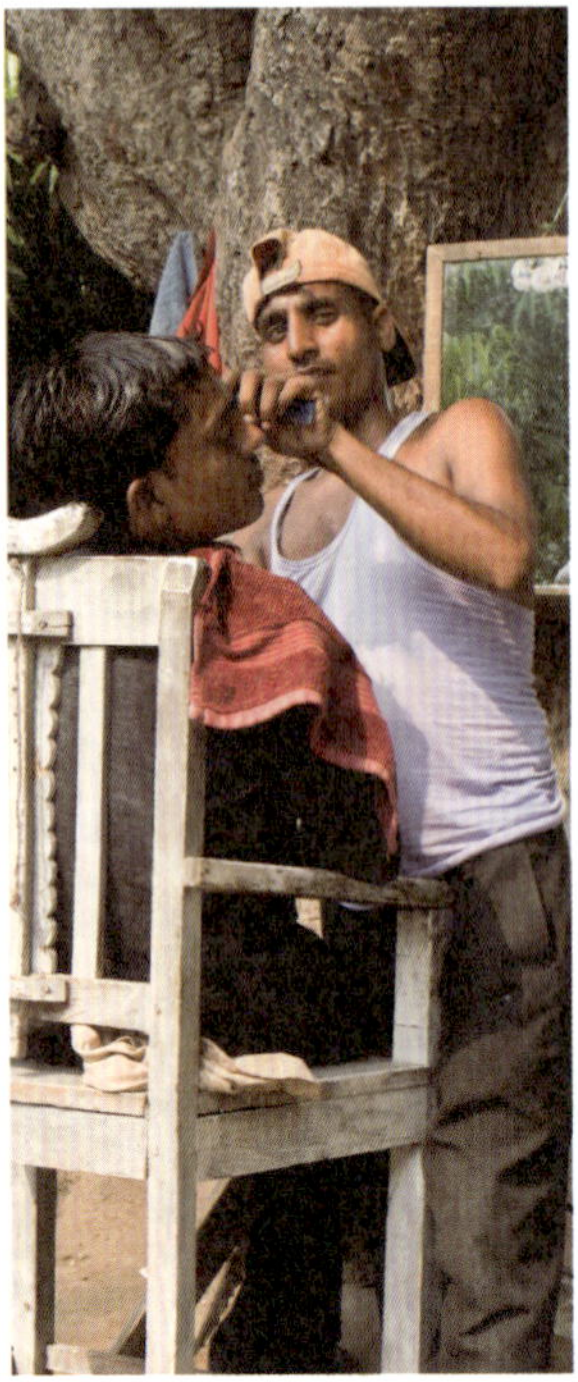

インドの男性は髭や髪型といった理容の身だしなみにはちょっとうるさいのかもしれない。穴の開いたシャツを着ていても髪の毛は短くきれいに刈り揃えられているとか、街中の小さな理髪店や路上にある青空床屋はいつも客で賑わっているとか、そう思わせる光景に何度も出くわした。きっと価格も手頃なのだろう。

あるとき街を歩いていたら、至近距離から不自然なほどにこちらをじっと見つめてくる男性が。インドではよくあることだが、一向に視線をそらす気配がないので感じ悪いなと思い「なにか用？」と聞いてみた。すると一言。

「髪型が、変」

髪も伸びてきたし、そろそろ切りたいとは思っていた。でも青空床屋はさすがに不安だからどうしたものか……、とずっと気に掛けていたところにこの言葉。これはなんとしてでも切らなきゃ、と思ってやってきたインド4大都市のひとつ、コルカタ。ここでも見かけるのは青空床屋ばかり。と、そんな青空床屋の向かいにきれいなたたずまいのヘアサロンを見つけ、値段も聞かずに飛び込んでしまった。雑誌に載っていたモデルを指さしてオーダーすると、霧吹きで頭を濡らされ、なぜか4人もスタッフがつくという謎な状況の中、いざカット開始。アシスタントが頭を押さえ、髪の毛をピーンと痛くなるほど引っ張り、カミソリでザクザク切って15分ほどでできあがり。（右上写真）

さて気になるお値段はというと、80ルピー（約160円）。もちろん青空床屋よりは高いだろうがそれでも充分安く、出来栄えもなかなかのものだった。

第5章

おいしい紅茶と インド最高峰を求めて

紅茶《ダージリン》と蒸気機関車を楽しみに

ダージリンはいわずと知れた紅茶の名産地であり、トイトレインの愛称で知られる登山列車ダージリン・ヒマラヤ鉄道乗車の起点でもある、インド人・外国人双方に人気の観光地。涼しい気候にネパールやチベット系住民が多いことなど、同じ国内でありながらこれまでとはがらっと環境が変わるのもまた、新鮮でおもしろい。

最寄りの主要駅ニュージャルパイグリに早朝降り立ち、ここからは車を乗り継いでダージリンへ向かう。経由地のシリグリでジープに乗り換えるや否や、激しい雨と雷鳴。山道に差し掛かったら雨は弱まったが、代わりに霧が立ち込め車窓はグレー一色。いつしかトイトレインの線路と併走し、商店や駅の並ぶ街らしい風景をいくつかすぎて、たくさんの人と車でごった返す通りに出たらここが終点のダージリン。観光地として名高いだけに、駅前には大きなバッグを5個も6個も持ってきているインド人ファミリーの姿も多い。

紅茶屋ストリートで逸品を物色

さすがは世界一の紅茶生産量を誇る街、目抜き通りにはたくさんの紅茶屋が並ぶ。カフェ併設の店もあり、テイスティング後に買えるのがありがたい。一番茶にあたるファーストフラッシュ、もっとも価値が高いとされるセカンドフラッシュ、いわゆる紅茶らしいしっかりした風味のオータムナル、その中でさらに茶園別やオーガニックものなどに分かれ、ダージリン産だけでも数十種類に及ぶ。

たくさんありすぎてどれを選べばいいのかわからず、店員におすすめを尋ねると「全部！」という、もっともだけどいちばん困る返答が。悩んだ末にオーダーした一杯が運ばれてくると、芳醇な香りがあたりに漂う。一口すると実にさわやかな味わいで、これまで飲んできたダージリンティーとの違いに驚く。摘んだ時期の違いなのか、はたまた本場で味わっているという心理的作用によるものか。とにかくおいしくて、せっかくだからもう一杯と追加で頼み、おなかがたぷたぷになるまで飲み続けてしまうのであった。

一押しの紅茶を手に微笑む店員の女性。「どれもオススメだけど……」

トイトレイン乗車、のはずが

もうひとつのお楽しみであるトイトレインは蒸気機関車に乗りたいということもあり、

上／山の斜面にへばりつくようにして家々が建つダージリンの街。　下／ダージリンの駅は雲の上、標高2134mのところにある。

上／建物すれすれを走るトイトレインから吐き出される煙があたりを白く包む。　下／メンテナンスを終えた後の一服はたまらない。

隣駅グーム間とを往復する遊覧用のジョイライドで体験することにした。前日にチケットの予約を済ませ早めに駅にいって待機するも、出発時間間際になってもホームに入線する気配がない。インドで遅延は日常茶飯事だからとさして気にも留めずにいたが、親切なおじさんに声を掛けられ、今日は運転中止になったと知らされる。アナウンスも流れていないのに？　窓口でなぜ運休なのかを問い合せたところ「たぶん、蒸気の問題かなにかだと思う」。年代物に修理の手を加えて使用しているから、たまには機嫌を損ねることがあっても仕方ないかもしれないけど……。

周辺住民それぞれの思い

次の日はいまいちぱっとしない空模様で、天気雨が降ったかと思うと次第に曇り始める不安定さ。しかし、本日はすでに入線済みなので運行は間違いないだろう。無事に走ったとしても景色が見えないのでは意味がないから頼むよ、と祈りつつ席に着く。

ほぼ定刻通りに甲高い汽笛が鳴り、ゆっくりと走り出す。カタタンカタタンとかわいい音をさせながら、肩幅よりちょっと広い線路の上をトイトレインは進む。手を伸ばせば店先の商品に届きそうなくらい、商店すれすれを通りすぎる。お母さんに抱っこされた子供が、こちらに向かって手を振っている。ただ、微笑ましい光景だけではない。いちばん多く見かけたのは両手で耳をふさぐ人の姿で、ほかに吐き出される煙に顔をしかめる人もいた。すぐ目の前を通るだけに、騒音も空気の悪さも相当なものなのだろう。これが毎日繰り返されるのだから無理もない。

と、申し訳なく思っていたら、窓から入り込んできた石炭の燃えかすがレインジャケットに落ちてジャケットに穴が開いてしまった。まさか車内にいても被害を受けるとは。

勇ましい走りと誇らしげな整備士

街中では肩身の狭かったトイトレインだが、周囲に山々が広がる開けた場所までくると、だいぶいきいきとしてきた。一発汽笛を鳴らして徐々にスピードをゆるめ、停車したところはバタシアループ。美しい景色を見渡せる人気のポイントだが、あいにくぼんやりした眺めしか拝めない。ふたたび走り始め、ほどなくして折り返し地点となるグーム駅に到着。ここで30分間停車するという。

この休憩時間は、乗客のためというより機関車のために設けられた時間だろう。燃え尽きた石炭を掻き出して新たにくべたり、さまざまな部品に油を差したり、水を補充したり。

整備士たちが忙しそうにせっせと動き、終わったところでトイトレインに足を掛けての一服タイム。手間のかかる乗り物だけど、皆トイトレインのことが好きで、誇りを持って携わっているように見える。

復路は晴れ間が覗き、さっきまで雲のかたまりしか見えなかったはるか先に雪山が出現している。祈りが通じたのか、絶景とまではいかないが雪を抱く山々が見られて良かった。ころころと天気が変わりやすい山あいの土地だからこそ、一瞬たりとも気が抜けない。

翌日、ダージリンを大満喫してよし出発、と思ったらサイクロン襲来でまさかの立ち往生。良くも悪くも忘れられない街となった。

ペリン

インド最高峰を追い掛けて

インド最高峰にして世界第3位の高さを誇るカンチェンジュンガ山。雨の少ない、空気の澄んだ時期であればくっきり美しい姿が見られるというが、折しも雨季間近の5月。それでもわずかな望みをかけて山を拝むのに絶好の地、シッキムにあるペリンを目指す。

チベット、ネパール、ブータンに囲まれたシッキム州を旅するには入域許可証が必要となる。早々に手続きを済ませて入手し、さあ向かおうと思っていたら、ダージリンでのサイクロン被害で4日も足止めを食ってしまった。ようやく移動し屋上から山を一望できる宿に着いたが、今日は曇っていて見ることができない。「明日は見える?」とスタッフに尋ねると、やれやれといった表情を浮かべながらたぶんね、と答える。山の天気は変わりやすいと知っているのに、はやる気持ちを抑えられずについナンセンスな質問をしてしまった。

左／神聖な場所のため、竹のカーペットへは靴を脱いでから。
右／宿のテラスから望むカンチェンジュンガ。ゴツゴツした岩肌もよくわかる。

5時に起床してチェック。雲に隠れたままで見えない。5時半、相変わらず雲の中。6時、変化なし。その後、気づいたら7時すぎまで眠っていたらしい。慌てて飛び起きると、見えてる！　急いで屋上のテラスへ直行だ。完全な姿とはいかないが、ダージリン郊外で見たときよりも近くて迫力がある。なにより朝食を取りながら見られるのがうれしい。

山との対面を終えたら、シッキムに暮らす仏教徒にとって聖なる場所のひとつ、ケチェオパリ湖へ足を延ばす。余談だが、ケチェオパリは英語でcatch-a-perryと発音するといいらしい。出発前に見た写真には、湖のほとりを彩るタルチョ（経文が印刷された旗）の数々が心に残る、どこか神秘的な光景が映っていた。誰もいない時間を見計らって静かな湖をひとりじめできれば最高だろうけど、欲張っていてはきりがない。

連続するヘアピンカーブを右へ左へ曲がり、途中で滝や公園に立ち寄って清流に足を浸し、湖入口の駐車場までやってきた。ドライバーとはいったんここでお別れ。湖へ向かう道を入ってすぐのところにあるほこらでお祈りしたら、森の小道をてくてくと。ハンドペイントの注意書きやチベット語の彫られた岩を通りすぎ、木々の間からたくさんの旗が見え隠れしたらすぐそこだ。

湖岸へ通じる竹のカーペット、大小さまざまの鐘、そして、風にはためくタルチョ。記念撮影に余念のないインド人観光客の波が途切れると、想像していた通りの静寂が訪れる。ケチェオパリ湖は湖自体の眺めを、というより、この穏やかな時間を楽しむための場所という気がした。

快晴の空の下とはいかなかったが、雨に降られることもなく短い時間で山も滝も湖もとずいぶんフルコースな内容を満喫した。でも、せかせかと忙しい感じがこれっぽっちもしなかったのは、ペリンに流れるのどかな空気のたまものだったのかな。

カメラを向けるとはにかみながらレンズを見つめる少年僧たち。

５色のタルチョと緑のコントラストが目にまぶしい。

左／わらべうたを歌う声が周囲にこだまする。　右／人懐っこい子供たちは絶好の被写体。

ラヴァングラ

一休みの村での大きな副産物

山の中にあるシッキム州での移動はなかなかハード。万年定員オーバーのジープでヘアピンカーブの道を延々と上って下ってだから、座っているだけでも意外に疲れる。ただ、車窓は絶景の連続だ。一気に駆け抜けず、中継地で体力回復がてら素晴らしい山々の眺望を楽しむのもいいだろうと、ラヴァングラで一泊していくことに。

小雨のぱらつく天気で肌寒く、うっすら霧で覆われていて山はおろか丘のてっぺんすらはっきりしない。ひとまず村の散策でもと市場をうろつき、商店街を一周し、あてもなく坂の上へと続く住宅地のあたりを歩く。おや、かすかにチベットホルンの音色が聞こえる。もしかしたら近くにチベット僧院があるのではと思い、音のするほうへ向かってみる。

この家の上階から音がするのは間違いないが、どうも僧院らしくない。敷地に入って確かめ、やっぱり違うかと振り返ると、そこには困惑顔の少女がなにかいいたげな表情で立っている。あ、ごめんなさい。音がしたから、つい、と言い訳をしながら立ち去ろうとしたそのとき。上からこのやりとりを見ていた女性が家へ入るよう促す。

そのままキッチンに通され、塩風味のチャイとシッキムの伝統菓子をふるまってくれる。ホルンの音がしたから僧院かと思って家を覗いていたと話すと、年に一度僧侶を呼び、家族の健康を願って4日間祈ってもらっている最中だということがわかった。帰りにお祈りをしている部屋を見せてもらうと、立派な祭壇とたくさんのお供え物があり、そこで4人の僧侶が祈祷をしていた。

突然の珍客を快く迎えてくれた一家に心からお礼をいって、家を出る。滅多に見られない日常の暮らしを覗かせてもらえたことがう

祈祷が一段落した際に室内を見せてもらう。

れしくて、このまま戻るのがなんだかもったいなくて、さらにぶらぶら歩き続けていると、子供たちがハローと声を掛けてきた。珍しい外国人の姿をおもしろがっているようだったので、こちらも笑顔でハローと返し、1枚い い？と写真を撮る。撮影後にカメラの液晶画面を見せてあげると、顔をくしゃくしゃにして大はしゃぎ。その様子を見るのがまた楽しくて、何枚も立て続けに撮ってしまう。

すっかり夢中になっていたらだいぶ日も傾いてきた。名残惜しいけれどそろそろ宿へ戻ろう。と、前方にはわらべうたを歌って遊ぶ子供たちのグループが。おもしろいのでこっそりカメラを向けて撮っていたら、ひとりがそれに気づいて騒ぎ、全員が連鎖してはしゃいで大興奮。写真や動画を撮って見せる度にどっと笑いが起きて、ヒーヒーいう子供たちが、おかしくてかわいくてたまらない。

思いも掛けず素晴らしい人との出会いが満載で、なにか特別なことがあったわけではないのに、事あるごとに今日の出来事を思い出すだろう。ラヴァングラでの一休みは、そんな副産物をもたらしてくれた。

ガントク

幸運に興奮したゴンパ巡り

1mほど進んでは停車を繰り返すばかりで、一向に進まない乗合ジープ。州都ガントクを目指す車が列を成す国道31A号線は片側1車線ずつしかないため、中心部へ向かうには辛抱強く待つしかない。市内に入ってから30分、ようやくジープスタンドに到着してぎゅうぎゅうの車内から解放された。

バックパックを担いで歩き始めると、この街が山の斜面にあることを痛感する。長い坂道をショートカットできる階段を見つけて上り始めるも、急だし狭いし、余計にきつい道を選んだことに後悔の念。けれど苦労して上った甲斐あって、ガントクの街とカンチェンジュンガが一望できる宿に辿り着けた。

一息ついたら近郊の街にあるゴンパ、ルムテク僧院とリンドン僧院へのツアーを探すべく、旅行代理店へ。たいがいどの代理店もこのふたつが組み込まれた7点ツアーというのを催行しているので、ほかにどんな場所へいくのか確認して申し込む。そういやルムテクの僧院では6月にチャムと呼ばれる仮面祭があるはずと思い、日程を尋ねると「残念、来週だよ。あと1週間いれば見られるのに」とのこと。祭目当てではないから仕方がないか。

不安に駆られるツアーの出だし

集合時間の朝9時ぴったりに旅行代理店へ顔を出すと、駐車場へと案内される。てっきり専用カーでいくものだと信じ切っていたのに、連れてこられたのはタクシースタンド。たまたま先頭にいたミニバンタクシーに乗せられ、スタッフはドライバーになにかを告げ「じゃ、いってらっしゃい!」と勢いよくドアを閉めていってしまった。そのまま車を走らせようとしたドライバーに、待て待て、ど

上／参道に並ぶマニ車*を回しながら急いで会場へ向かう。　下／チャムの様子が少しでもよく見えるようにと、身を乗り出す少年僧たち。

こにいくか知ってる？と聞いても大丈夫という仕草をするだけでいささか怪しい感じはしたが、ま、いいや。

　不安的中。寄る先々でオープン前のため門は閉ざされたままという事態に、ドライバーもさすがに決まり悪そう。この先大丈夫かな？と思ったが、標識にルムテクの文字を見つけたのでそちらに向かおうとしているとわかり、ひとまず安心する。国道をそれてルムテク方面の道へ入った途端、道のあちこちが穴ぼこだらけでガクンガクン揺れる。そのうちミニバンタクシーがびっしり駐車してあるところまでやってきて「ここがルムテクのゴンパだよ」

　入口にはライフル銃を構えた警察官が立ち、その脇の小屋で外国人はパスポートと入域許可証のチェックを受ける。無愛想にノートにパスポートナンバーを控えていた係官が、表情を変えることなく「今日はいい日だよ」といってくる。理由を尋ねると、僧院内で祭を開催中というではないか。これはもしや、見られないといわれたあのチャムかもしれない！

諦めていた祭との思わぬ遭遇

　急ぎ足でゆるやかな傾斜の山道を歩いていると太鼓の音が聞こえ、僧院の門をくぐるとたくさんの見物客がいる。そして中心の広場ではゆったりした衣装をまとい、木彫りの仮面をかぶったグループが優雅に舞っている。やっぱりチャムだ。空いているスペースに腰掛け鑑賞する。仮面は怒りの表情のように見えるが、なぜだろう、怖さよりも親しみを感じる。ゆったりゆらゆら回ったり、おっとっと、と片足を上げてぴょんぴょん後ろに跳ねたり、踊り方もかわいらしい。

　入口からいちばん遠くに移動すると、周囲は地元の家族連れで賑わっている。この僧院で暮らす小僧だろうか、ときどきやってきてはうれしそうに話をして、また僧院の中へと

毎日叩き続けているせいで革の一部がはげてしまった太鼓。

消えていく。微笑ましい光景を見ていたら、突然爆竹の激しい音。傍らにいる白い犬がその音に驚いてぶるぶる震え出すと、飼い主のおばあちゃんが愛おしそうに前掛けに包んでやさしくなでてやる。

森の僧院に響く読経の声

チャムに夢中になっていたらあっという間に1時間経過。ドライバーが心配しているかもと早足で戻ると、遅いことを気にする素振りもなく、じゃあいこうと次の地へ向かう。きた道を途中まで戻り、さらに状態の悪い道へ入っていく。砂ぼこりと震動に耐え、じきに見えてきたのがリンドン僧院。森に囲まれ穏やかな空気に満ちた僧院には、先客のインド人ファミリーが。静かに、との注意書きも空しく、賑やかに話す彼らとは少し距離を置きながら本堂へ向かう。読経の際に使用する仏具や楽器、バター製の彫刻の不思議な造形と豊かな色合いに心奪われていると、ひとりの僧がやってきて入口の大きな太鼓を叩き始める。最初はゆっくり、徐々にテンポアップしていくにつれて、僧がひとり、またひとりと本堂へ入って席に着く。

30人ほどが集まり席が埋まると、読経が開始される。思わぬ展開に、しばらく本堂に座って低く響く声と楽器の音色に耳を傾ける。見学客のいるお勤めだと身が入らないのか、あどけなさの残る若い僧はちらちらこちらを見てくる。でも絶えず口は動いたまま。毎日のことだから、しっかり体に染み込んでいるのだな。

本命2カ所で大変満足したので、今朝の不安なんてすっかり吹き飛んでしまった。今回のツアーは終わってみれば幸運の連続で、シッキム最後の締めとしては完璧すぎるほどだった。

読経の時以外でも、机の上には経典がそのままになって置かれている。

＊マニ車：木製や金属製の円筒内に経文を収めた宗教用具。時計回りに一周回せば一回お経を唱えたことになる。手で持つ小型タイプのものから僧院に設置されている大型のものまである。

上／かぶっている仮面は迫力ありだが、舞自体はゆったり優雅に。　下／リンドン僧院での読経の様子。手前にはチベットホルンを吹く僧が。

舞を終えて戻ってきた僧が荒い息づかいで重たそうな仮面をはずす。

column
⑤

修理屋は身近で頼れる存在

インド人の中に息づく「ものを大切にする心」は大いに見習いたい。
壊れたりメンテナンスが必要だと感じれば修理屋のところへ持っていき、
ささっと直してもらってふたたび使い続ける。インド人にとって修理屋の存在は
身の回り品のホームドクターといったところ、だろうか。

◉ 靴修理 ◉

靴底がだいぶ薄くなり、ついには接着剤がはげてパカパカし出した。これは緊急処置が必要だと路上の修理屋に持ち込むと、お手製の道具で靴底を平らにならしてから、別の靴についていた分厚い靴底2種類をうまく組み合わせながらくっつけていく。約20分でまた履けるようになって一安心。ただし見た目がちょっと、と気にしてはいけない。

◉ サンダル修理 ◉

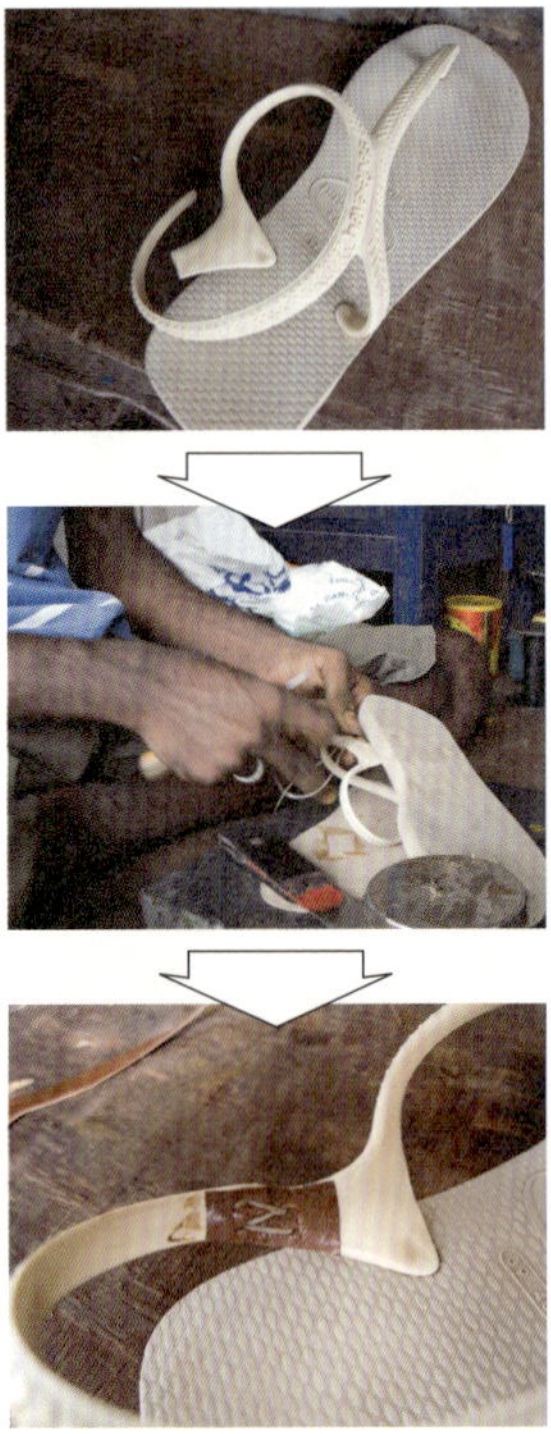

鼻緒や足首をホールドするストラップが切れてしまい、何度か修理をお願いしたサンダル。直してもらう度に微妙に履き心地が変わるものの、使い慣れたアイテムを使い続けられる安心を買ったと思えばさほど気にならない。サンダルだけでなく、カバンや折りたたみ傘の修理まで請け負っているところもある。

◉ 刃物研ぎ ◉

街中を研ぎ道具一式を担いで歩いていると、ほうぼうから「お願い!」と声が掛かる。さっそく道端に即席の仕事場を設けて作業開始。足元のペダルを巧みに動かして、砥石から飛び散る火花を物ともせず黙々と研ぎ、刃先を触って切れ味を確認。中にはこんな風に得意げに研いでいる姿を披露してくれるおじさんも。

第6章 さまざまな宗教のかたち

左／拾い集めた菩提樹の葉。　右／薄暗いブータン寺の中でひとり祈りを捧げる僧侶。

ブッダガヤー

仏の心に近づく極上の休息場所

午後1時のガヤ駅前。次から次へと現れるオートリクシャーのドライバーを振り切り、ようやくまともそうな1台を選んで乗り込む。ブッダガヤーまでは13㎞だから30分くらいで着くかな、と考えている間にも次々と人が乗ってくる。え、貸し切りのつもりで値段交渉したのに乗合なの？　やられた……。

　降ろされたのは道幅の広い大通りだが、不気味なほど人の気配がない。暑すぎて皆外出を控えるのだろうか。夕方まで宿でじっとして、日差しが和らいだ頃にブッダが悟りを開いた場所として知られる菩提樹を見ようとマハーボディー寺院を目指す。寺院内に入って金色の仏像にお参りしたら、建物の裏手に回っていよいよ菩提樹と対面だ。

　白い大理石の床に座り、大きな傘のようにありがたい日陰をつくってくれる木の下で、瞑想している人びとに混じって一休み。柵に囲まれているので菩提樹そのものに近づくことはできないが、ただこうして座っているだけで穏やかな心持ちになれる。ここはきっと、ブッダガヤーでいちばん快適な屋外スペースに違いない。

　次の日も、まずやってきたのは菩提樹の木の下。参拝に訪れる人を眺めながら、自然に落ちてくる葉っぱを待って拾う。なかなか落ちてこなくて結構な時間を無為に過ごしてしまったが、手にしている葉を見たインド人が「それ、すごく価値があるよね」といってくれたことで報われた気がする。

　それからは各国の仏教寺院を巡る。中国、チベット、バングラデシュなどと回って、いちばん度肝を抜かれたのがブータン寺。外観の壮麗さもさることながら内部の色づかいが秀逸で、細工も小道具も細かい点まですべてが美しかった。忘れてはいけない我が国の寺

大きな菩提樹がつくる日陰の下では、思い思いに休憩したり瞑想したり。

院、印度山日本寺の木造風の外観を目にしたら、途端に懐かしい気分が込み上げてくる。敷地内には教育費無料の学校「菩提樹学園」や毎日300人の患者を無料で診てくれる診療所、日本語の書籍を揃えた図書館など、さまざまな施設が立ち並ぶ。

17時からは日本寺で毎日やっている座禅会に飛び入り参加。すでに数人が座禅の最中で、座禅用クッションを引っ張り出してきて座り、ポーズを整える。静かな環境で目をつむると、鳥の声や木の葉が風に揺れる音など、普段意識していなかった音が聞こえてくる。ただ、かなり暑くて汗がぽたぽた滴り落ちるのにはほとほと困った。

夕涼みがてら夜のマハーボディー寺院を再訪すると、昼間との違いにたまげてしまう。電飾のパレードが寺院全体を包み、まるで遊園地にきたみたい。自分が悟りの境地に至った場所が今ではこんな姿になっているのを見て、ブッダはどんなことを思うだろう。平和であるならこれはこれで意外と悪くないな、なんて穏やかな微笑みをたたえて見守っているのだろうか。

ヴァラナシ

ガンジス川でなに思う

階段を少し上っただけで息が切れる。ガンジス川を有するヒンズー教最大の聖地ヴァラナシの本日の最高気温、45度。酷暑季真っ只中のこの街の暑さは想像をはるかに超えていた。冷房の効きすぎた列車から降りてやっと寒さから解放されたとほっとしたのも束の間、外に出た途端、暴力的な暑さに思わず顔がゆがむ。あまりに暑くて体力も思考力もみるみる低下し、動く気力すらなくなりそう。

　ガンジス川沿いには沐浴などをするためのガートと呼ばれる階段が80以上もあり、それぞれに名前がついている。始めにやってきた最南端に位置するアッシ・ガートは、落ち着いた雰囲気ながら付近には感じの良いカフェやショップが点在するエリア。ガンジス川が見える部屋を押さえて、暑すぎる日中は室内で過ごす。夜になって食事のために外へ出ても暑さは相変わらずで、食後にしばらくガートに座って道行く人を眺めようとしたものの、おしりから伝わる熱で全身汗だくになり5分ともたずに退散した。

左／連日45度という酷暑が続く。　右／アッシ・ガートの朝の光景。

ガンジス川の朝の光景

　翌朝、日の出と共にボートに乗って川下りをしようとガートへ出向くと、待ってましたとばかりにボート漕ぎに囲まれ、料金の件で押し問答の末、ようやく話がまとまり出航。行きは川の流れに乗って進むから楽そうだ。朝のガンジス川には沐浴する人のそばで勢いよく水しぶきを上げて泳ぐ人がいて、石けん片手に体を洗う人がいて、洗濯する人がいて、歯磨きする人がいる。ガートによっては洗濯場として使われているところや火葬場になっているところもあり、川から眺めると隣同士比較できるから各ガートの特徴がよくわ

人が大勢集まるメインガートは昼夜を問わずこの混雑ぶり。

かる。

だんだんと沐浴をする人の数が増え、ガート上も大勢の人でごった返しているのが見えたら、メインガートであるダシャーシュワメード・ガートまできた証拠。これまでとは違い、押し合いへし合い、芋洗い状態での沐浴風景はまさしくヴァラナシの印象そのもの。これぞインドという光景を前にしてただただ見つめるのみ。ここを折り返し地点とし、流れに逆らっての帰り道はボート漕ぎの息づかいも自然と荒くなる。

ヴァラナシらしい雑踏を求めて

穏やかなアッシ・ガートは居心地良かったが、さらなるヴァラナシらしさを求めてメインガート近くへ宿を移すことにした。ガンジス川が望めるエアコン付きの良宿を見つけたら、すべての荷物を抱えて移動。狭く細く入り組み、太陽の光があまり届かないベンガリートラという小道を黙々と歩いていると、超重量級の巨大な牛が寝そべっていて通れない。やっと抜けられたと思ったら、今度は結

我が物顔で居座る牛たち。体格が立派なので脇を通るだけでもひやひや。

構なスピードで走り抜けていくバイク。良くも悪くもアッシ・ガートとは対照に刺激的だ。

暑すぎる今の時期はシーズンオフのため、シャッターの降りた店も多いが、両脇に隙間なく並ぶ洋服屋や楽器屋の間を通って歩けばその賑やかな感じがまたインドらしいなあと思ってしまう。日中はこちらのガートもあまり人の気配がない。川のほうに目をやれば水浴びを楽しむ何人かと、黒くうごめく牛の背中が見えるだけ。

それが夕方、日が傾いてくるとガートは建物の影になり、昼間の人っ子ひとりいなかったのが嘘のようにたくさんの人が集まってくる。川辺のチャイ屋で入れてもらったレモンティーを片手に、一変して賑やかになったガートに腰掛けてクリケットや凧揚げに興じる人たちを眺める。

こんなのどかな風景を前に、ちょっと頭が混乱する。ガンジスの聖なる水に浸ろうとインド中から多くの人が集まり、死ぬときにはぜひこの流れの一部となりたいと願うはず。なのに、水泳教室としても活用される日常に密着した川の姿を目の当たりにしたら、これ

若い僧侶が片手にランプ、もう片方には鐘を持って川に向かって祈りを捧げる。

まで抱いていた厳かなイメージとはあまりにかけ離れていて、暮らしと信仰の境界線の曖昧さに戸惑う。

夜の儀式は賑やかそのもの

19時になり、メインガートで毎晩行われるプージャ（お祈り）を見にいく。大勢の人がガートに座ってガンジス川へ祈りを捧げる儀式を見守っている。やはりここでも堅苦しいとか重々しい空気はなく、がやがや騒いで賑やかなものだ。皆で聖者の手拍子に合わせて叩くときは、好き勝手にやるものだからリズムがバラバラ。でも祈る段になるとぴったり息が合い、一斉に目を閉じて真剣な表情で手を合わせる。そして、その後はまた大声でおしゃべりを始め、写真や動画の撮影に夢中になる。

まだプージャは続いているが、川沿いをぶらついてから戻ることに。葉っぱでできたお皿に花とロウソクを入れたお供え物を売る人がいて、それを買った人が火を灯してもらってはそっと川へ放ち、岸を離れて流れに乗る

火葬場として有名なマニカルニカー・ガート付近を通るルートでボートは進む。

ようぱしゃぱしゃやって一心に祈る。その美しい祈る姿を見ていると、夕方に感じた戸惑いがふたたび頭をもたげてくる。

沐浴するためガンジス川の中へ

翌早朝はまたボートで川下り。今度は前回いけなかったもっと下流のガートを目指す。沐浴する人でごった返すメインガートをすぎると、途端に静けさに包まれる。途中、火葬場として有名なマニカルニカー・ガートを通ると火が上がっていて、遠目にも火葬の最中というのがわかる。新たな遺体が竹で組んだ担架に乗せられてやってきて、火のそばに置かれていく。滅多に人の亡骸を見ることなんてないからちょっと怖い気もするけれど、もっとちゃんと見ておきたいという気持ちもある。後日ちゃんと見にこよう。

ボートを降りたらいったん部屋に戻り、着替えて再び出かける。ヴァラナシにきたからにはガンジス川に入らなきゃと、メインガートから川の中へ。水面すれすれの階段には藻がびっしりこびりついていてとても滑りやすく

さまざまな広告がペイントされたガートはバラエティに富んでいて、ただ眺めていても飽きない。

なっているから、足先に神経を集中させて一段一段ゆっくり進む。心地良い水温だとは感じるものの特に聖なるものに包まれているという実感も湧かず、それより足裏に感じる無数のゴツゴツしたなにかの正体が気になってしまう。

川から上がったら聖者にお祈りをしてもらう。自分の名前、家族の名前を聖者にならって復唱し、おでこにティカ（赤い色粉）をつけてもらって終了。法外な料金を請求してくる聖者に小銭を渡してその場を去る。ここでは信仰心と同じくらい警戒心を持つことも必要かもしれない。

理解を超えたガンジス川の存在

ヴァラナシを去る日の早朝、気になっていたマニカルニカー・ガートへ歩いて向かう。薪がうずたかく積まれ、近くでは遺体を前に別れを惜しむ家族の姿。手前の火に目を移せば足だけが燃え残っている亡骸。その光景に言葉も出ず、ただじっと見つめる。

ガートのそばを携帯電話で話しながら歩く

川岸で祈る女性たち。早朝のガンジス川には特別な時間が流れている。

人がいて、こちらに目をやることもなく通りすぎる。その姿に、これが日常だと思い知らされる。火葬場脇のチャイ屋でチャイを頼んで、燃えさかる炎を眺めて考える。

聖なる川の力とはなんだろう。残念ながら、我々はそんな象徴となるものを持ち合わせていない。祈るのも困ったときぐらいで、なにかを絶対的に信じるということもない。だからガンジス川にこれまでの罪を清めてもらい、死んだらそこに流されることを望むヒンズー教徒と同じ心持ちになるのは恐らく無理だろう。

けれども、沐浴する人や祈る人、瞑想する人、巡礼者としてさまざまな聖地を渡り歩くサドゥー（修行者）を目にするとなぜかはっとさせられ、その姿にとても惹きつけられる。そして大いなる流れで各人の祈りや生活排水、水泳教室までをも引き受けてくれるガンジス川で繰り広げられる光景は、あまりにも特異で、それでいてあまりにも美しくて、ときにおかしくて、なんだかまぶしいものを見て目を細めているような気分になってしまうのだ。

左上／早朝、沐浴するためにやってきたサドゥー（修行者）。　右上／人気のチャイ屋のお母さんが入れてくれるチャイは地元の人にも人気。
左下／川に花を供えながら沐浴する男性。　右下／顔に刻まれたしわの深さが彼の人生を物語っているよう。

アーグラ

朝の静けさをまとった美しい墓

多種多様の模様が施された細工を見るのもまた楽しい。

夜明けのタージ・マハルはセクシーだ。薄曇りの天気がオーガンジーのショールのように建物全体を包み、周囲よりもひときわ白い大理石の肌を惜しげもなくさらして気高く建つその姿には、なんともいえない色気を感じる。池に映ったはかなげな様子もまた素晴らしい。大挙して押し掛ける観光客がいなくて、静かに、好きなように見られるというのも極めて贅沢だ。

　ヴァラナシから寝台列車に揺られて10時間、インドでいちばん多く観光客が訪れるアーグラの駅前は、オートリクシャーのドライバーやツーリストでごった返している。目指すは屋上からタージ・マハルを一望できる宿。あいにくその時点では満室だったが、もうすぐチェックアウトする人がいるとのことでしばらく待たせてもらう。部屋を確保したらいつ出かけるかを検討する。明日にはここを発つからチャンスは夕方か翌朝か、だ。天気予報によると夜は傘マークで次の日は晴れになっているが、ずれ込む可能性だってなくはない。ひとまず夕方まで待ってみると、雨が降るほどではなさそうだけれどもだいぶ雲が厚くなってきた。よし、明日の早朝に賭けよう。

　朝4時半に起きて天気を確かめると、黒っぽい雲が空一面に。これは読み誤ったか。でももういくしかないから、持込不可の水やメモ帳など、カバンに常備してあるものを出して最低限の荷物だけを持ち、戻ってきたらすぐ宿を出られるようにパッキングを済ませてから出かける。

　普段は憎きオートリクシャーのドライバーたちが親切にもすぐそばの南門は閉まっているから東門へいけ、と教えてくれる。開門は6時のはずだが、30分以上も前だというのにちょうど人を通すところだった。入場料を払うともれなくついてくるミネラルウォーターと靴カバーをもらい、念入りなボディチェックを受けていよいよ敷地内へ。

　写真で何度も目にしていてその姿はよく知っているのに、実物を前にすると感動もひとしお。近くのベンチに座っているおじさんが「このベンチに座って後ろに大きく仰け反って見るとおもしろいよ」と教えてくれる。これもまた一興。その後は靴カバーを装着し

見事なまでのシンメトリーなタージ・マハル。

て基壇を上りタージ・マハルの中に入る。外観の圧倒的な存在感に比べると狭くて暗く、この建物が墓であることを思い出させてくれる。中央に王妃ムムターズ・マハルの棺風の記念碑が、そしてその左脇にかなり控えめにタージ・マハルの建築主、皇帝シャー・ジャハーンのものも。本物の墓は地下にあり見学不可なので、仲良く並ぶ記念碑を前に手を合わせたらぐるっと外周を回ろうと外に出る。

遠くから眺めてもため息の出る美しさだが、間近で見てもそれは変わらない。細かい模様の彫刻や象嵌が足元近くにも手の届かない天井近くにも施されている。大理石は硬いからさぞかし加工が大変だったろうな、と当時の石工の苦労を偲びつつ、近くに寄ったり少し離れて見たりとさまざまな角度から贅を尽くしたこの建物を鑑賞する。

ゆっくり見て回ること1時間。だいぶ来場者も増えて、大声で話す集団と何度もすれ違いながら出口へ向かう。こんなに賑やかな中でタージ・マハルと対面していたら色気を感じる暇もなかっただろうと思うと、早朝の訪問はベストタイミングだったに違いない。

リシュケシュ

ヨガの本場で廃墟をさすらう

日頃ヨガに慣れ親しんでいなくても、本場で体験できるとなったらいってみたくなるのが人の常。北インドのヨガのメッカ、リシュケシュにきてみれば、ヨガやセラピーのチラシがあちこちに貼られ、そういう類のアシュラム（道場）もよく見かける。ここでの目的はもちろんヨガクラスに参加すること、それとかつてビートルズが滞在したというアシュラムを一目見ること。

さっそくヨガをするべく、宿近くの教室で朝のクラスに飛び込み参加。きれいな宿の一角にあるからか室内の広さも雰囲気もばっちり。体をほぐしながら待機中の先生にあいさつすると、突然難しいアーサナ（ポーズ）を決めたまま静止。まさかこんな高度なことをするわけじゃ、と不安がよぎる。

ほかの参加者もやってきてスタートしたが、なかなか体がいうことを聞かず、関節の

左／ビートルズも滞在したのだろうか。修行者用の居住スペース。　右／よそ見をした隙にとんでもないアーサナを決めていた先生。

あちこちがギシギシと音を立てる。さらに正しい手や足の位置に近づけるように先生が直すものだから、痛みをこらえるのに必死で「自分の体を観察して」といわれてもそんな余裕などない。太陽礼拝という伝統的な連続アーサナや呼吸の仕方など、何度も同じ動作を繰り返して一段落すると、休憩のアーサナでリラックス。これがとても心地良くて、うっかりすると眠りの世界にいってしまう。2時間のヨガを終えたら、だいぶ体が軽くなった。

さて午後はガンジス川に沿って延々と歩き、街はずれの、今は廃墟となったアシュラムを探す。高い塀の先に見えるかなり傷んだ建物の数々、ここがビートルズの「White Album」の楽曲の多くが生み出されたというマハリシ・マヘーシュ・ヨーギのアシュラムだ。入口にはNO ENTRYとあり、鍵も掛かっている。門前でうろうろしているとひ

とりのインド人が近づいてきてこう話す。「立入禁止だ。でも、50ルピー払えば入れるよ」

門を開けてもらって坂を進むと、小さな石を組み合わせたドーム型の修行者用居住スペースが出てくる。草木に侵食されてきていて、もう遺跡レベルに達しつつあるたずまい。室内は1階にリビングスペースとトイレ・シャワーが、2階の洞窟のような空間は瞑想部屋として使われていたのだろうか。それぞれの建物には番号が振ってあり、ジョン・レノンが好んだ数字9のついたものもあった。

広大な敷地をさらに奥へいくと、ぼうぼうの雑草に隠れて小さい建物がいくつもあり、マンション並みの大きな建物も数棟ある。そのうちのひとつに侵入、ここまでくると見学というより廃墟探検だ。コンクリート造なので建物自体はしっかりしているが、建具や内装は当時の面影もなくどこもぼろぼろだ。

この跡地を公園等に活用しようとする動きもあるらしいが、まだ実現には至っていない。歴史的価値を損なわずに、リシュケシュの新たな魅力として蘇ることを願って、日の光がさんさんと降り注ぐ明るい廃墟を後にした。

街中で目にするチラシにはヨガやセラピー、チャクラといった言葉が踊る。

column
⑥

45度の暑さを生き抜く術

上からは直視できないほど真っ白い光を放つ太陽光が、
下からはヒーターの真ん前にいるような放射熱が、
容赦なく照りつけてくる。暑すぎて倒れそうなのに、
なんでこの暑さの中でもインド人はちゃんと活動しているんだ！

◉ 酷暑季には店を閉める ◉

毎年この暑さを経験しているインド人であっても、つらいのに変わりはないらしい。そのため、酷暑季にはほかの地域へと生活の基盤を移す人も。シャッターを降ろしたお店が多いのはそんな理由から。

◉ 月光仮面のように顔をガード ◉

バイクや自転車に乗っていて感じる風は、心地良さをとっくに通り越してイライラするほどの強烈な熱風。暑さから顔を守るためか、街中には月光仮面風に布で顔を覆う人たちの姿がちらほら。

◉ 慢性的な停電にはこんな対策を ◉

人口の増加に電力が追いつかない状況が続き、毎日数時間の停電は当たり前。クーラーがあっても使えなくては寝てなんかいられないから、いっそのこと早朝の瞑想で心頭を滅却すれば火もまた涼し？

◉ それでも熱いチャイは欠かせない ◉

これほど暑くてもインド人は熱いチャイをすする。冷たいものが恋しくならないのかなと思うけど、これがなかなか。汗をかいて涼しく感じるし、適度な糖分補給になってぐったりした体が元気になる。

第7章

インドの中のチベットを旅する

マナリ、レー

雪山と宇宙をミニバスで抜けて

避暑客で溢れるマナリでも、午前2時だとさすがに人の気配はほとんどない。これから約500km、ひたすら山道を走ってチベット文化圏であるラダック地方の中心地レーを目指す。途中で標高5000m級の峠を3つ越え、道はがたがた、カーブの度に遠心力にもてあそばれる過酷な道中が待ち受けている。飛行機でのアクセスも可能なのにあえて陸路の移動を選択したのは、インド随一の絶景の連続で、とにかく素晴らしい旅路だという前評判を聞いていたから。

ほかの乗客のピックアップに手間取り、マナリの街を出たのが3時半。さあ一眠りと思っても、激しい振動や対向車のライトが気になって一向に眠れやしない。夜が明け始めると、窓の外には雪の回廊とごつごつした岩山。これまでとはまったく異なる風景に興奮して眠気も吹っ飛ぶ。

辿り着いた村でパスポートチェックを受ける。パキスタンや中国と国境を接するエリアでいろいろデリケートな問題をはらんでいるため、度々こんな手続きが必要となるが、雰囲気は至って和やか。日が高くなり、空の色も徐々に濃い青へ変わると山の稜線がくっきりしてくる。標高が高くて乾燥しているから、これだけぱきっときれいに見えるのだろう。

標高4892mのバララチャ峠のあたりではさすがに息苦しかったが、深呼吸を繰り返してなんとか乗り切る。こういうのをあとふたつ越えるのか……。おや、車が停まった。なんだ、羊の群れが前にいるのか。微笑ましいと思ったのも束の間、また停車。今度は横転したトラックが見える。断崖絶壁のでこぼこ道は辛うじて車が2台すれ違えるほどの幅しかないため、ちょっと気を抜くとすぐこんな事態になってしまう。運転手はなす術もなく、岩山にしゃがんでぼーっとしていた。

いつもより増水していて渡るのに難儀した川をすぎると景色が一変、まるで月面にでも降り立ったかのような宇宙的パノラマが広がる。ついさっきまでの雪山は姿を消し、代わりに丸みを帯びた薄茶色の山のところどころに鋭利な岩が突き刺さったような不思議な光景が。異次元の世界にすっかり心を奪われて車窓に釘づけとなる。

また標高が上がってきたのか、息苦しさと

真っ青な空、まぶしい雪山、雪解け水をたたえた湖。

先ほどの景色とは一変、乾いた大地には摩訶不思議な造形が広がる。

共に軽い頭痛を覚える。まずい、高山病か。マナリを発ってから既に15時間以上、さすがに疲れも出てきた。だいぶ日も傾いてきて、ここでお茶休憩を、というので車を降りる。5065mのラチュルング峠はもうすぎたから、残すはこのルートでもっとも標高の高い5360mのタンラン峠を越えるだけ。あとは山道を下るだけだからなんとかなるだろうと、このときはお茶をすすりながら考えていた。ところが症状は悪化の一途を辿り、ただ座っているのが精一杯。本日最後の休憩ポイントに寄っても食欲はなく、お茶を口にするのがやっとだ。

　真っ暗なガタガタ道を、激しい頭痛に耐えながらひたすら走る。車がジャンプして着地する度に頭の痛みはズキンと一層強くなる。暗闇の中、とにかく早く着いてくれと祈りながら激痛に耐えること数時間、そしてマナリを出発してから22時間後の深夜0時、ようやくレーに到着した。よろよろと車を降りて、車の屋根にくくりつけていたバックパックを受け取ろうと天を仰いだら、天の川まではっきり見える極上の星空が広がっていた

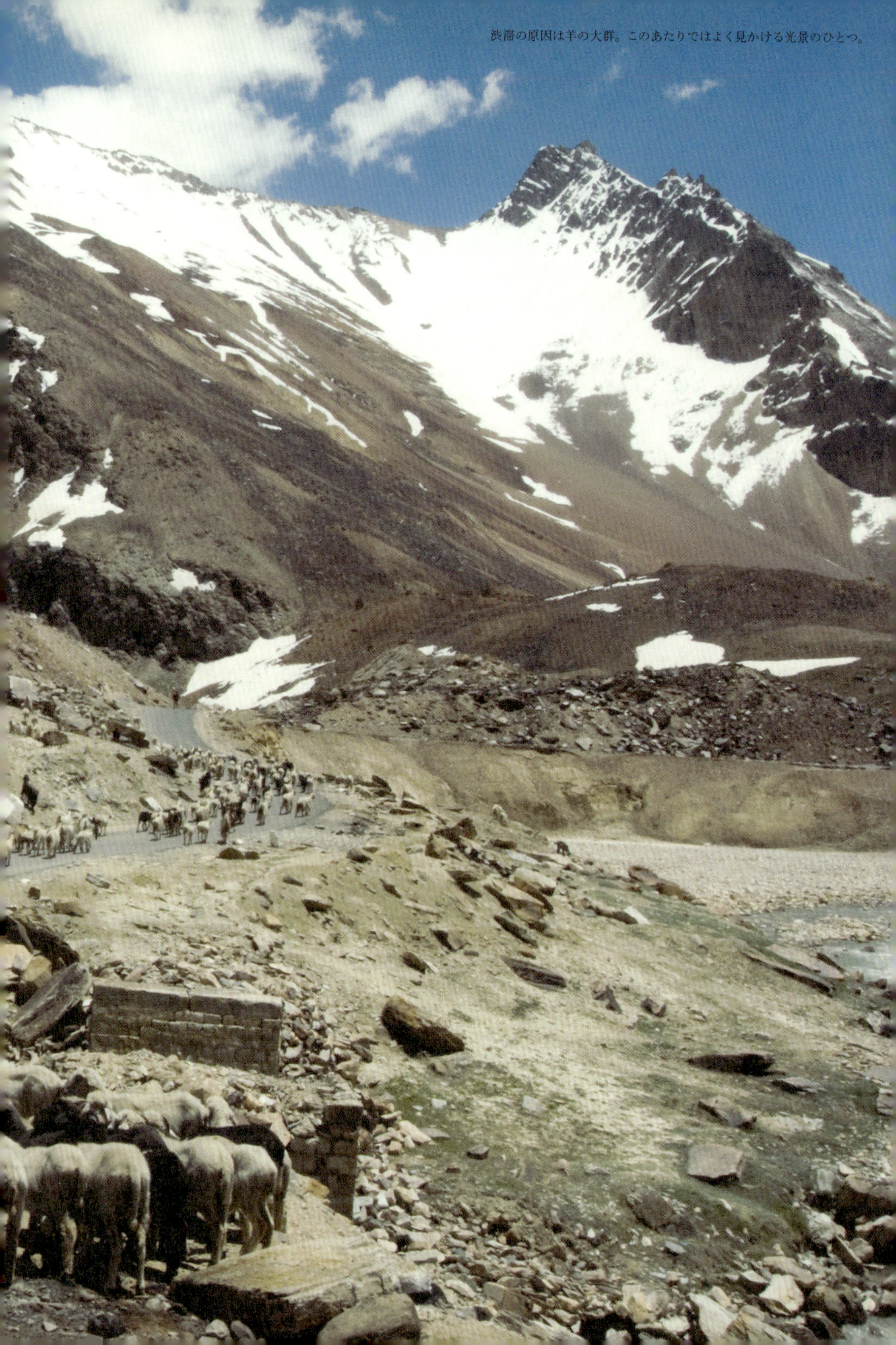
渋滞の原因は羊の大群。このあたりではよく見かける光景のひとつ。

レーとその周辺

じわじわとチベットを感じる

朝起きてみると、あれだけつらかった頭痛も気にならないぐらいに収まっていた。しかしレーの標高は3505m、無理は禁物だ。高地に早く体を慣らすためには深い呼吸とこまめな水分補給、そして軽い散歩が最良の方法というのでゆっくり街を散策することに。

こんなに青く濃く澄んだ空の下を歩くのは久しぶり。空が近くなった分、強烈な日差しで肌には毒だろうけどとても気分が良い。街行く人の民族衣装姿を目で追って、ずいぶん違う世界にきたんだなと実感する。街の中心にゴンパ（僧院）があったので立ち寄ると、スピーカーから読経が流れている。中を覗けば何列にもなって並ぶ僧が熱心に経を唱えている最中で、その低く太くこだまする声は迫力もの。でも、後列の小僧たちはおしゃべりにふざけあい、大胆にもマンガの貸し借りまで。そのやんちゃぶりを先輩の僧がたしなめるも、一瞬行儀よくしてすぐに元通り。遊びたい盛りだから仕方ないか。

ゴンパの外周をぐるりと囲んでいるマニ車を、参拝に訪れた人たちに混じって回しながら歩く。民族衣装を着ておさげを背中でひとつに束ねているおばあちゃんの後ろ姿を追い掛けていたら、もう1周回り終えていた。ではちょっと休憩、と僧院正面の大きな木の下にある石段に腰掛ける。隣には左手で手持ちのマニ車をくるくる、右手で数珠を一玉ずつなぞるように送りながら祈る人。見回せばあっちでもこっちでも同じような光景が繰り広げられている。一カ所に大勢で集っていても、流れる時間は人それぞれ。一心に祈りたいときも近くにいる人と話したいときも、気持ちの切り替えひとつですぐにどちらの時間へもワープできるのだから、彼らの集中力たるや素晴らしい。

近郊の村へ
リハビリがてらの小旅行

だいぶ体も慣れてきたところで近郊にある、ゴンパがまるまる村になっているティクセと、王宮と要塞のあるシェイまで足を延ばす。まずはミニバスで30分かけてティクセへ。丘の頂上にあるゴンパを目指してスローペースで歩いていると、ふもとの一室から読経が聞こえてくる。千の手を持つ仏像に見守られながら、ほの暗い部屋の中には楽器の音色と声だけが響いている。3人の老僧侶のぴったり息の合った声に耳を傾けていたら、ふわふわ心が宙に浮いているような心持ちになって

迫力のある仏像が参拝者をお出迎え。

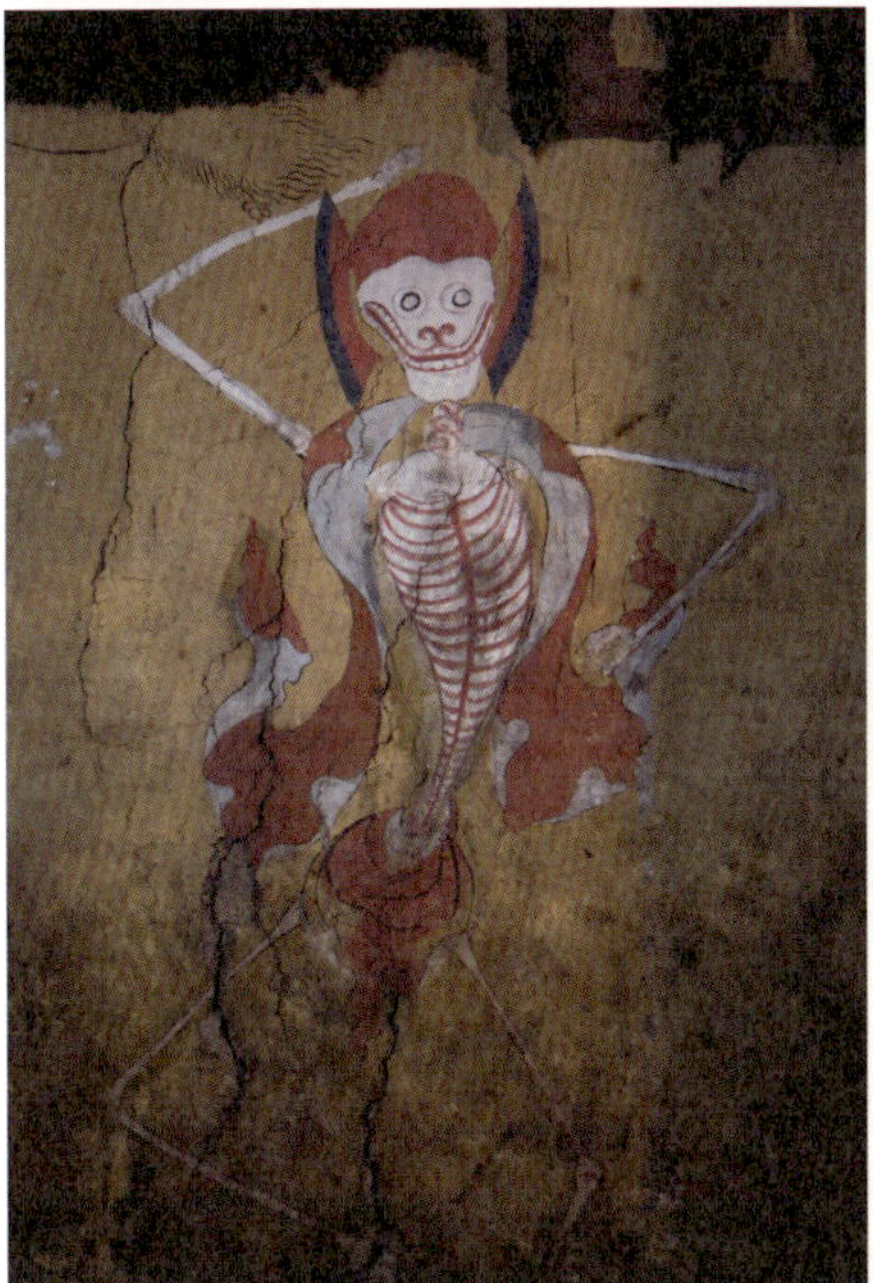

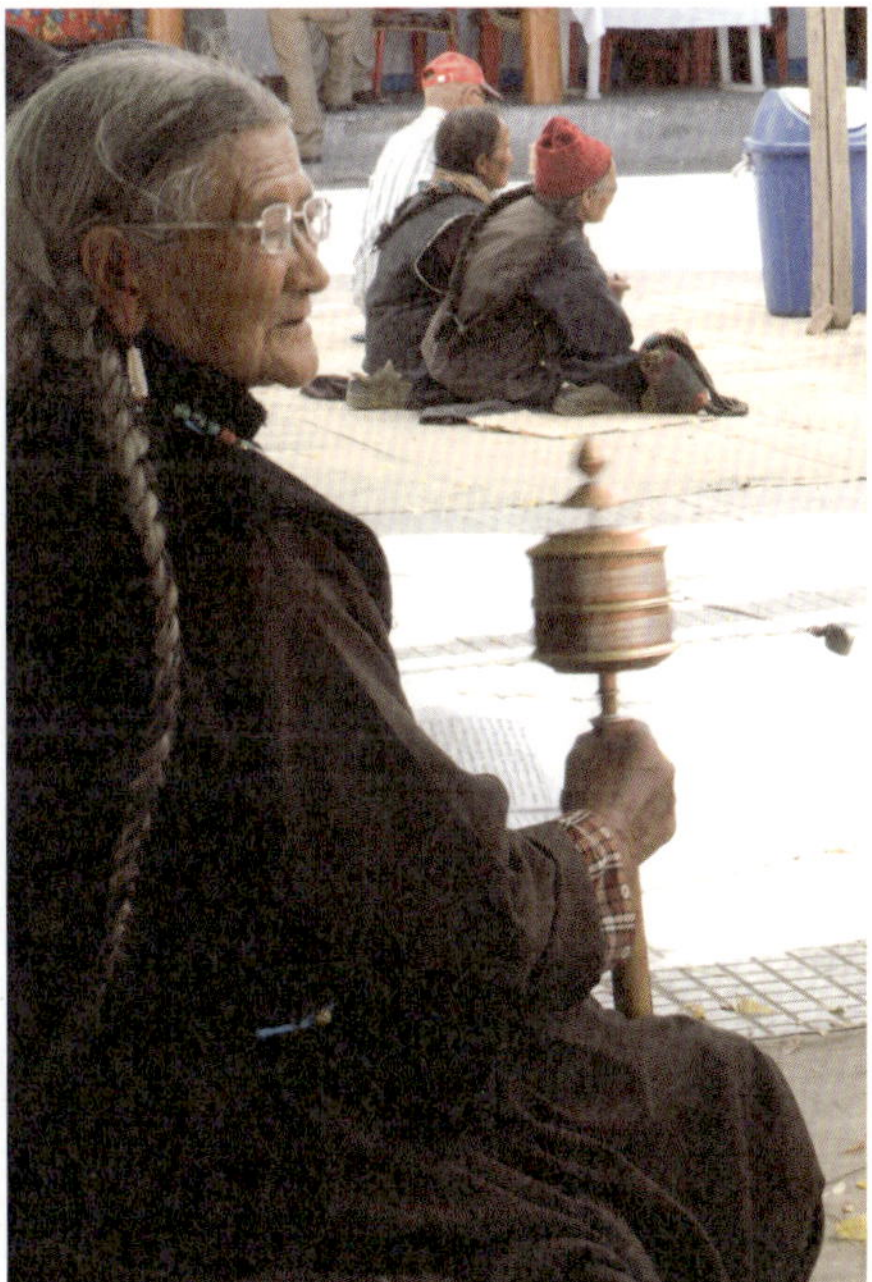

上／まるまる山ひとつがゴンパになっているティクセ。
下左／なまめかしいポーズに見えなくもない、ティクセ・ゴンパ内の壁画。　下右／祈る人の周囲には静かな空気が流れる。

上／仏像の前で読経する僧侶たちは息もぴったり。　下／傍らに人が立つとどれほど顔が大きいかがわかる。

くる。

でも、すぐさま現実に戻される。なにせ階段が長くて空気が薄いから息は上がりっぱなし、足も思うように動かせず非常にきつい。やっとのことでゴンパに着き、呼吸を整えてから中へ入ろうと足を踏み出したら、五体投地をしている人でいっぱい。邪魔をしないようにそーっと壁伝いに歩いて奥の部屋へいき、迫力のある仏像や一風変わった壁画を眺めて楽しむ。窓がなく薄暗い隣の建物には、さらに強烈な仏像の数々。一部の像の顔には布が掛けられ、それがまた奇怪な雰囲気を醸し出す。片隅に置かれたオイルランプの光が人の通った気配に合わせてゆらゆら揺れて、仏像を怪しく照らし出す。

少しいった先にある建物に入ると、巨大な仏像の顔がどかんと現れて思わずおぉっと声を出してしまう。近づいてみると体部分は床下にすっぽり収められている。さんさんと日差しが差し込むこの部屋は、先ほどとは対照的に明るい雰囲気でほっとするけれど、あの密教風の空間で感じた静かな高揚感もまた良かった。


道路まで出てバスを拾ったらシェイに向かう。車窓から見えるのは、はるか頂上にはためくタルチョ（経文が印刷された旗）と石を積み重ねた小屋。まさかあんな高いところまで登るのでは……？ SHEY PALACEと書かれた看板のあるところからは王宮も要塞も見えず、石段が延々と続いているだけ。一心不乱に上って王宮に着くと、ドアの前に座っていた老僧侶が鍵を開けて中を見せてくれる。するとティクセで見たような巨大仏像がお出迎え。こちらのほうが渋い印象だ。

よし、気合いを入れ直してさらに上にある要塞を目指そう。砂利に覆われた坂道には手すりなどなく、険しい岩場をよじ登り、ときどき足をすくわれながらもなんとか登頂成功。残念ながら周囲の山々は雲に隠れて見えなかったが、風にはためく鮮やかな色のタルチョを眺めてしばしほうける。

レーの街を眺めて思う

朝からよく晴れた翌日は、街を見下ろすようにして建っているレー王宮を訪れる。電気が点いていない暗い中を手探りならぬ足探りでそろそろ廊下を進むと、整然とした展示室に行き着く。そこには王宮の修復前と後が比較できるよう同じ位置から撮影された写真の展示があり、元の姿を活かして整備するよう配慮されていることがよくわかる。

一通り眺めてから朝のお勤めのために開けたばかりの本堂も見せてもらう。こぢんまりとした堂内には古めかしい仮面や仏像が、睨んだ表情をしてこちらを見つめている。

ラストは屋上からレーの街を一望。市街地には緑があり、寄り添うようにひしめく建物があって活気が感じられるのに、遠くに目を移せば雪をかぶった鋭い山々と灰色や茶色の荒涼とした大地が広がるだけ。夏を迎え、待ってましたとばかりに大勢のツーリストがやってくるこの賑やかなシーズンの先には、雪に閉ざされ、厳しい寒さの冬が待っているということを、この背後にある自然が静かに諭しているかのようだ。

3日間かけてのリハビリのおかげで高度順応も万端。さあ、ラダックの短い夏をこれから存分に満喫していこう。

左／祭を楽しみにやってきたおばあちゃん。写真を撮る間も祈りの手は休めない。
右／僧が数人がかりで巨大なタンカをゆっくり下ろしたら祭がスタート。

ヘミス

仮面祭は押すな押すなの大盛況

ヘミスのツェチュ祭といったら、ラダックでいちばん有名な祭といっても差し支えないだろう。素晴らしいチャム（仮面舞踏）が見られるこの祭に合わせて海外からやってくるツーリストも多い。当初は見るつもりではなかったが、少し前にルムテクで偶然チャムを目にしたとき仮面のユニークさと優雅な舞が頭に焼きついて離れず、始めから終わりまできちんと見たいという思いがむくむく湧いてきた。そのチャムをふたたび見られるまたとないチャンスが、目前に迫っている。

　しかし、高山病にかからないよう高度順応しながらの小刻みな移動でラダックを目指していては、祭には間に合わない。では、ルートを変更して一気にレーに向かうか。このせいで高山病になってしまったのだが、肝心の祭には間に合ったのだからめでたしめでたし、かな。

祭のスタートはどんより気分に

祭当日、ぽつぽつ雨が降る中バスに乗って1時間でヘミスに到着。会場であるゴンパへ向かう人の流れに沿って歩いていくと、綱渡りの芸を見せる大道芸人ファミリーや、仏具にお土産、軽食を扱う露店などまるで野外フェスの会場に紛れ込んだような賑やかさ。にしても、寒い。夏だというのに先ほどまでの雨は雪に変わり、吐く息も白く、急激に体が冷えていくのを感じる。

　境内の中央はロープで仕切られ、その外側には祭が始まるのを心待ちにしている人でぎっしり隙間なく埋め尽くされている。早めに到着したおかげで良席を確保できたものの、次々来場者がなだれ込んでくるし、どさくさに紛れて横入りする人も出てきてちっとも落ち着かない。挙句の果てには場所取りが

脇に控えて舞の順番を待つ演者たちは準備万端。

原因の口論があちこちで勃発する。

本堂の壁面に巨大なタンカ（仏画）が掛けられたら、祭開始の合図だ。僧侶がホルンを吹き始めると、すかさずその正面には世界各国からきた報道関係者が立ちはだかって撮影を始める。これには観客からブーイングの嵐。そばでは相変わらず小競り合いが続き、まだチャムを見ていないのに妙に疲れてしまい、いったんこの場を離れることにした。

ささやかな触れ合いが心もおなかも満たす

近くの薄暗い部屋では、僧侶が大きな鍋で煮出したバター茶を振る舞っていた。外は雪がちらつくほどの冷え込みだったからあつあつのバター茶はさぞかしおいしいだろうが、あいにくカップを持参していない。それを察してか、ひとりの僧侶が自分のカップになみなみ注いで渡してくれる。黒茶にバター、塩を入れてつくるバター茶はコクがあるのにさっぱりしていておいしい。カップを両手で包んで指先を温めながら味わっていると、通

先ほどまでびっしり観客で埋まっていた会場も、昼時には隙間がちらほら。

仮面だけでなく、細かい刺繍と胸当てのガイコツがかわいらしい衣装にも注目。

りすがりのおじさんがさやのままのグリーンピースをいくつかくれた。初めて食べる生グリーンピースは少し固くて青い味がするけれど好みの味。ちょっとした親切に触れていたら、先ほどまでのすさんだ気持ちがいつの間にか消えていた。

気を取り直してチャムを堪能

しばらくゴンパ内をそぞろ歩きした後で屋上に出たら晴天。さらにうれしいことに見物客が場所を詰めて空きをつくってくれたおかげで、午前の部終了間際に少しだけ舞を見ることができた。お昼の時間、会場からは一斉に人が消えた。この隙にいい位置に座って午後の部が始まるのを待つことにしよう。

昼休憩を挟んで午後の部スタート。鬼のような面をつけた演者がまとまって出てきて、太鼓に合わせて足を上げたり手を広げたりしてゆらゆらと舞い始める。次はガイコツ仮面4人衆が登場。ユーモラスにスキップして舞を披露したかと思えば、急に駆け出して観客にツァンパ（主食である麦焦がし）を投げつ

祭を見守るようにひとり静かに座っていた老僧侶。

けたり、少年のキャップを奪ってポイッとどこかに投げたりやりたい放題。その度にどっと笑いが起こる。

祭も終盤になるとちらほら帰る人が出て空いてきたので、演者が入退場する階段脇へ移動して、太鼓を叩きながらステップを刻む仮面の集団の舞に見入る。あれだけ大きな仮面、さぞかし重いだろうと思っていると、舞い終えて引き上げてきた演者たちの苦しそうな息づかいが聞こえてきた。

その後もしばらく舞を楽しみ、最後は巨大タンカがくるくる丸めて引き上げられたのを見届け、これで祭の幕は閉じられた。最初は暗い気分で楽しむどころではなかったのに、終わってみれば満足している自分がいた。

訪れた人同士ほんの少し譲り合う気持ちを持てればもっと楽しめたのに、なんて思いながら帰りのバスを待っていたとき、たまたま言葉を交わした外国人女性がこう漏らした。「期待して見にきたけど、ゆらゆらするばかりで飽きちゃった」。抱く感想は人それぞれ。それもまたおもしろいなあと思わずにはいられなかった。

ヌブラ谷、パンゴン湖

みずみずしい風景と天上の青い湖

インド広しといえども、ラダックほどアクティビティの宝庫という地域はない。望めば6000m級の雪山に登ることも、3週間ほど掛けてラダックの魅力ある村々や美しい風景に出会うトレッキングツアーに参加することだってできる。時間と体力に余裕があればぜひチャレンジしたいところだけど、インド滞在のリミットが迫ってきている我々は、もう少し気軽にラダックの魅力を楽しめないかと考えていた。

そこでどんなものを見たいか、予算はどうかなどを検討した結果、世界一標高の高い車道を通り温泉やゴンパや素朴な村々を巡るヌブラ谷一泊二日ツアーと、標高約4200mに位置する真っ青な色が印象的なパンゴン湖へのツアーに出かけることに決めた。

その日から、レーでの日課は旅行代理店の前に出された掲示板を、条件ぴったりのものはないかとくまなくチェックして歩くことになった。というのも参加するにはそれなりに費用がかかるため、少しでも安く抑えようと掲示板に同じツアーに参加してくれる仲間を募る告知を出しているからだ。あ、ふたつともあった。

左／世界一高い車道ということを示す看板。 右／さっきまでの晴天はどこへやら。地面だけでなく空も真っ白。

雪のち里山ドライブ、のち温泉

ヌブラ谷はラダックの中でもとりわけ緑が多く美しいところで、かつ比較的近いため人気が高い。ピックアップにきた車には陽気で英語が堪能なブラジル人が乗っていて、自己紹介し合う。急きょキャンセルが出たとのことで、定員5名のところ3名というゆったりした構成でヌブラ谷ツアーはスタートした。出発したときには晴れ間が覗いていたのに、山道に差し掛かると雪が舞い始め、そのうち道路が白一色に変わる。ヌブラを目指すジープが連なり、のろのろした走りで標高5602m、世界一高い車道があるカルドゥン峠へ到達。休憩のために茶屋の建物に入ったら、床は凍ってつるつるだ。店番のおじさん曰く現在の気温は1〜2度、これでも暖かいほうだという。

それからは次のポイントを目指してひた走る。里に下って野原や畑、民家が見えてきたところでランチ休憩。カルサーという小さな村でおなかを満たし、適度な車の揺れと食後の眠気でうとうとし始めた頃、スムルにあるゴンパの前にやってきた。新しく立派なゴンパには学校が併設されていて、小僧の姿もちらほら。石段を上っていると離れからやってきた僧が本堂の鍵を開けてくれる。色とりどりの壁画に囲まれたひんやりした室内。本尊の前にはバターランプが灯り、その熱で起きる上昇気流によってくるくる回る紙製のマニ車がある。これなら誰もいなくたって祈りが途絶えることはない。

次は温泉、との言葉に血が騒ぐ。乾いた風景を走ること数十分、山の斜面にぽつぽつと

フンデルでは一面のマスタードフラワー畑や青々と茂る木々を目にすることができる。

小屋のようなものが見えたところで車を降りて、なだらかな坂道を砂利に足を取られないようにして進んでいく。「ジュレー!」小屋の前にいる女性にあいさつ。ラダックの「こんにちは」は親しみの持てる言葉だからか、見知らぬ人にでも臆せず声を掛けられる。さあ温泉に入るかと小屋の中を覗くとあいにく先客がいたので、もう少し登った先にある小川のような源泉に手をつけてみる。うん、熱い。近くにしつらえてある屋外の湯船でさっそく足湯を楽しむ。ジープに乗っているだけとはいえ、山道でこぼこ道の移動で疲れがたまっていたのか、わずか5分の足浴でも体がしゃきっとしたのがわかる。

豊かな水に満ちた村を歩く

本日の行程はフンデルという村にきたところで終了、今夜はここに1泊する。村内を流れる豊かな水をたたえた小川の脇には水浴び、洗濯、洗車禁止の看板が。どうりでこんなに澄んでいるわけだ。心地良いせせらぎを聞きながら散歩を続けていると一面黄色のマ

荒涼とした山肌のふもとに広がる砂丘で、ラクダに乗って隣村を目指す人びと。

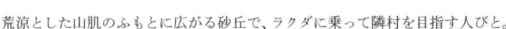

スタード畑にぶつかった。石垣の外から眺めていたら、ちょうど女性が中へ入っていくところ。入っていい？とジェスチャーで尋ね、首を縦に振ったので後をついていく。近道として使っているらしい彼女とは途中で別れ、ふたたび気の向くままほっつき歩く。これといった見どころはないのに、きれいな水とのどかな雰囲気のおかげでいっぺんにここが気に入ってしまった。

翌朝、レーへ戻る途中にキャメルサファリが楽しめるという砂丘に立ち寄り、ラクダの一行が出かけるのを見届けてから、ディスキットにあるゴンパに向かう。屋上で外の景色を眺めていた僧に本堂に入っていいかを尋ねると、笑顔で通してくれる。チベット系の寺院では、たとえ鍵が掛かっていても参拝客がくるとすぐさま開けて拝観させてくれるからうれしい。

経典タッチでご利益あり

当初はレーから日帰りで、と思っていたパンゴン湖ツアーだが、希望の出発日だと泊ま

左／集団の中に帽子をかぶって正装したあどけない表情の少年を発見。　右／仏像は白い布にくるまれ、大事そうに抱えられていた。

りの募集しかないこともあり一泊二日でいくことにした。ツアーにはチェコ人姉弟とドイツ人女性がいっしょで、おしゃべりをしているうちに気づけば標高5360m、雪の残るチャン峠に達していた。20分以上ここにはとどまらないようにとの注意書きに、ずいぶん高いところまできたと実感する。

ここからはしばらく下り坂が続く。急カーブを走る際には遠心力に負けないように体勢を維持し、まっすぐ延びる道を走る際には体の力を抜いて適宜調整しながら、絶景を見落とさないよう目を凝らして車窓を眺める。タンツェという小さな村の宿兼レストランの前で車はストップ。ランチはなにを食べようか考えていたら遠くから太鼓の音が聞こえてきて、だんだんこちらに近づいてくる。外へ出ると太鼓やホルンを演奏しながら各家の玄関先を回っている民族衣装の集団が。大きな経典や仏像を担いでいる人たちもいて、彼らが近づくと村の人たちは軽く頭を下げてコツンと経典をタッチしてもらっていた。なんだかご利益がありそうなので、同じくコツン、をお願いする。

透明度の高いパンゴン湖には魚も暮らす。だが聖なる場所のため釣ることはないそう。

湖の青の表情は変幻自在

腹ごしらえも済んで、あとはパンゴン湖へ一直線に向かう。快調な走りを続けていると、山の重なりの間から真っ青な水が顔を覗かせた。湖岸までやってきて眼前に広がった、青すぎるグラデーションの美しいこと！まるで楽園に行き着いたみたい。手前は透明なのに少し離れたところに目をやると深さによってさまざまな青色を見せてくれる。水に手をつけるときんと冷たくて、標高が高いことを思い出させる。正面には乾いた色の山々が湖を守るようにして囲んでいる。

山の上からだったら湖がもっとよく見えるかもと思い立ち、宿の裏手から登ってみる。まだそれほど上がってはいないが待ちきれずに振り返ると、水際で見るよりもっと青のバリエーションの豊富な湖がパノラミックに広がっている。よし、頑張ってもっと高みを目指そうと意気込んだ途端に雲が出てきて、その影が湖に覆いかぶさり青く見えなくなってしまった。

山を降りて湖の周りを歩き始めたらどんど

月の光が強くて星はよく見えなかったが、代わりにほの明るい湖面の幻想的な姿に出会えた。

ん曇ってきて風が強まり、急に冷えてきたので一度宿に引き返す。戻ったところでほかにやることもなく、そうだ、夕暮れ時に赤く染まった湖が見られるかもという淡い期待を抱きながら、チャイを飲んで天候が回復するのを待つ。しかし思惑ははずれ、空はさほど焼けず相変わらず風も強く、湖面は黒っぽい風波が立ち、昼間の息を飲む美しい青い湖の面影はなかった。

マーモットの食事シーンに釘付け

だったら、夜の湖と星空を満喫しよう。ここなら街の灯りに邪魔されることなく、見えうる限りのたくさんの星が見られるに違いない。強風の中、部屋を出る。満月2日前の空は思いも掛けずに月の光が強すぎて満点の星空とはいかなかったが、代わりに月明かりに照らされてぼんやり浮かぶ湖や周囲の山々の幻想的な風景を見ることができた。

　翌朝、出発間際にもう一度真っ青なパンゴン湖を拝み帰路につく。途中で停車しているジープがいて故障でもしたのかと思って降り

ツアー参加者以上にマーモットに夢中になってしまったドライバー。

ていくと、道端で食事中のマーモット*を観察しているところだった。これまで寡黙でおとなしい印象のドライバーが嬉々としてすぐそばまで駆け寄っていったのは意外だったけれど、夢中で頬張るマーモットを見ればそれも合点がいく。その後、往路では遠くからしか見られなかった放牧中のヤクの脇をゆっくり通りすぎ、チムレイの村でストップしてゴンパを見学。広い本堂には色彩豊かで独創的な壁画の数々が壁を埋め尽くしていて見ごたえ充分。ちょっと気味の悪い感じがする地獄絵風のものばかりに目がいくのは、それだけ個性的なタッチのものが多いからか。

ラダックのさまざまな場所を訪れて各地の表情に触れられたツアーは、交通手段や入域許可証の取得などを考えると最良の選択だった。でも、もし次に訪れる機会ができたなら、自力で村々を渡り歩いてゆっくり好きなように回り、もっと村の人たちと触れ合えたらさらにラダックの虜になってしまうだろうな。

*マーモット：山岳地帯に生息するウサギほどの大きさのリス科動物。地中や岩の間などに巣をつくって生活する。後足で立ってたたずむ習性がある。

本堂内部には強烈な壁画が広がっていた。

column

⑦

娯楽こそ最大の本気度で挑む

遊びに夢中になるのは大人も然り。仕事の手が空けばすぐさま楽しそうな
気配の漂う場所に吸い寄せられ、いきいきした表情に変わる。
そんな無邪気な男たちの様子を遠巻きに見るのが、ツーリストのひそかな楽しみ。

◉ ガラム（カロム、キャロム）◉

ビリヤードそっくりのボードゲームで、コイン型の玉を指ではじいてプレイする。カロムやキャロムといった呼び名でさまざまな国で人気のこのゲームは、インドを旅しているときによく見かけた。誘ってもらっていっしょに遊んだことがあるが、思うように玉をはじくことができず、次こそは、と意気込んでいるうちにどんどんのめり込み、あっという間に時間がすぎていった。

◉ クリケット ◉

日本人にはあまり馴染みがないものの、インドでは絶大な人気を誇る国民的スポーツ、クリケット。ちょっとしたスペースとバット代わりの板きれ、それにボールさえあれば、路地裏でもガンジス川のガートでもスーパーの売場内でも、どんな場所でもプレイを始めてしまうほどクリケットラブなインド人が多い。

◉ 現金輪投げ ◉

ヘミスのツェチュ祭の会場となるヘミス・ゴンパ内に出店していた輪投げ遊びのブース。僧侶が真剣なまなざしで見つめるターゲットの先には……、紙幣が輪ゴムで留められていた。

第8章 石と木と水に囲まれた谷をゆく

温泉《ヴァシシュト》に浸かる、ゾーブで転がる

ふたたびマナリへ戻ってきた。夕方着のはずだったのに時計を見たら22時。夜も遅いけど、ここはもう少しだけ頑張って4㎞離れた温泉の村ヴァシシュトまでいってしまおう。

朝起きてテラスに出てみたら、向こうには木々の生い茂った山、眼下には川という豊かな環境にある宿だった。荒涼としたラダックを旅した後だとこの自然はすごく新鮮だ。

温泉にいこうと村のメインストリートに点在するレストランやお土産屋の間をぶらぶら歩くとすぐに行き止まり。とても小さな村だ。ヒンズーの神を祭ったヴァシシュト寺院の脇をすぎたら、熱いお湯が流れ続ける水道と外から丸見えの露天風呂があった。でも、ここで入浴はなしだよなあ。と思ったら温泉は寺院内にあることが判明、しかもレジャーのためではないれっきとした沐浴場だった。

さっそく服を脱いで、湯船の脇にある水場で軽く体を流していざ入湯。熱い！　足をつけただけでギブアップ、体感温度は45度以上といったところか。でも湯船に浸かるチャンスをみすみす逃してはもったいない。意を決して再度そろそろと体を沈めていく。熱いのはインド人も同じようで、ザブンと頭まで入ったらすぐに上がって体を冷ましている。それにならって出たり入ったりを繰り返していたら、体の芯まで温まって気分爽快。

温泉を楽しんだ後は、前々から気になっていたゾーブを体験するためソラン・ヌッラーというスキー場へ。ゾーブはニュージーランド生まれのぶ厚い巨大透明ボールの中に人間が入り、それを斜面から転がして楽しむというもの。誰かがやっているのを見てから、と思っていたのにあれよあれよと準備が始まる。まずスタッフがふたりがかりで斜面の上までゾーブを運ぶ。荷物を預け、動画を撮影してもらおうとカメラを1台渡して内部へ突入。マジックテープで両手首足首を固定され、メガネも預けてこれで準備は完了。透明に見えた球も実際は外の景色がわずかに見られる程度、メガネがないから余計にぼやける。

「じゃ、いくよ」の声と共にゆっくりと回転し始めた球は徐々に勢いを増して加速。あ、片足のマジックテープがはずれた。勘弁してよと悲鳴もヒートアップ、天地があべこべになって回っているのはわかるが、いったいどうなっちゃってるの？とキャーキャー叫び続けるうちに停止。1分足らずのことなのにずいぶん長い時間にも感じたが、終わってみれば大声を出してとてもスッキリした。

温泉にゾーブに、ほかにもショッピングやおいしいデザートを楽しんですっかり垢を落とすことのできた悦楽の日々は、あっという間にすぎていった。

上／山の高みに転がして運ばれるゾーブ。　下／源泉の真ん前に陣取っていたサドゥー（修行者）は、熱さを物ともせずじっと浸かっていた。

カザ、キッバル、ダンカル、タボ

荒涼な谷に寄り添うゴンパ二景

スピティの中心地、カザに建つカザ・ゴンパ。

さっきから停車の度にボンネットを開けて応急処置を施さなければならず、思うように進まない乗合ジープ。おかげでスピティの中心地カザに着いた頃には完全に夜になっていた。急いで宿探し、と思ったらどこもかしこも「FULL」。明日はダライ・ラマの法話があるため、予想以上に大勢の人が詰め掛けているようだ。さんざん探し回った挙句、空室はないけど屋上に張ったテントでよければ、ということでようやく寝床を確保できた。

ダライ・ラマの法話での一幕

朝7時、テントを出たら宿の主人が開口一番もういったほうがいいとのアドバイス。支度をして急ぎ足でゴンパ（僧院）への近道をゆく。ここスピティはラダック同様チベット文化圏の地域。周囲に広がる荒涼とした風景は似ているが、民族衣装を着た人がほとんどいないなど街の印象は少しばかり異なる。

ゴンパが近づくにつれどんどん人の数は増えていく。入口でボディチェックを受けた際、カメラは持込禁止ということを知り仕方なく預ける。外国人専用エリアに通されるとこちらはまだ余裕があるのに対し、ローカルの人が集う玉座正面の広いスペースは、開始1時間以上前だというのにすでにぎゅうぎゅうだ。

9時を回った頃ダライ・ラマが座に着く。途端に周りの人たちがラジオのスイッチを入れる。このときラジオを持参すれば英訳の放送が聞けると知ったが、もう遅い。ときどき隣のオランダ人が簡単に訳してくれるのを聞きながら、あとはやさしく語りかけるように話すダライ・ラマを食い入るように見つめ、安らぎの感じられる声に耳を傾けるばかり。話の内容は理解できなくても、笑顔を絶やさないダライ・ラマと熱心に聞き入る聴衆から発せられる雰囲気が心を幸福感で満たす。

村々で素朴な日常を垣間見る

昨日のお祭り騒ぎから一変、平静さを取り戻しつつあるカザの街を一度離れ、近くの村キッバルへ向かう。夕方、超満員のバスを降りて家畜の群れや家路につく人とすれ違い、

上／キッバルからキへの道中。周囲の絶景を楽しみながら歩いて向かう。　下／ダライ・ラマの法話が終わり、いつもと変わらない毎日が戻る。

上／キの村で出会った幼い姉妹は洗濯の手伝いをしていた。　下／ツーリストが口々に絶賛したダンカル・ゴンパ。

民泊先に到着。夜は居間でほかの宿泊客と共にご飯を食べ、食後はおしゃべりに花を咲かせる。

朝、村の中を散策し終えたらトレッキングがてら、険しい丘の上にスピティ最古のゴンパを有するキを目指して出発。まっすぐいけばいいだけ、との言葉通り歩いてきたつもりだけど、とても道とは思えないルートのような……。見渡しても標識なんてものはなく、2時間も歩いているのにおかしいと心細くなってきたところでようやく民家が見えてきた。ゲテという集落を通過するといっていたからきっとそうに違いない。キにいきたいのだけど、と農作業中の女性に話し掛けると、向こうを指さす。その方向に歩くことさらに数十分、眼下にはバベルの塔の出現を錯覚するようなキ・ゴンパが、貫禄たっぷりに建っていた。

よくぞこんな場所につくったものだと感心してしまうゴンパに入ると、すかさず僧がチャイをふるまってくれる。疲れた体にじんわり染み込むやさしい甘さ。しばらく休憩してから中を見て回り、カザに戻るべくゴンパを後にする。ここからカザまでは12km、本日のバスはもう運行を終えている。歩けないこともないが本音をいえば億劫だ。ヒッチハイク、しようか。あ、大型トラックがちょうどこちらにやってくるではないか。大きく手を振って車を止め交渉するとあっさりOK、30分でカザまで戻ってこれた。降りるときにはしっかり運賃を請求されたけど、妥当な金額だと思ったし、なにより楽ちんだったのだから結果オーライだ。

迷った挙句のゴンパ立ち寄り

次はタボへいこうと決めたところで、困ったことに迷いが出てきた。出会ったツーリストが口々に「ダンカルのゴンパがいちばん良かった」といっていたのを事あるごとに思い出してしまうのだ。しかしダンカルへのバスはなく、自力でいくとしたら途中までバスに乗りそこから何時間も山道を登らねばならない。さんざん悩んだ挙句、ダンカル経由タボ行きの車をチャーターすることにした。ここまできて諦めるなんてあまりに惜しいもの。

ゴンパの敷地内にあるウッドデッキはおしゃべりにも最適。

シャイで礼儀正しいドライバーの運転は快適そのものだが、どんより曇っていて道も空も山も灰色の景色だけが残念だ。街道をそれて細い坂道に入り、砂利の山をゆっくり進む。すれ違う車は1台か2台、人影も標識もないこの道を自分の足で登らなくてつくづく良かったと思う。やがて鋭利な山のてっぺんにへばりつくようにして建っている白い建物が見えてきた。あれがダンカル・ゴンパ？ドライバーはうんうんうなづき、近づくにつれ迫力をもって眼前に迫るその姿にぞくぞくしてくる。

ひとりの僧が親しげに声を掛けてくる。ドライバーの兄でここで暮らしているらしい。彼の案内で食堂に通され、ダライ・ラマが訪れたときに出したというツァンパ（麦焦がしを練ったもの）とチャイをご馳走になる。一息ついたら本堂へ。収められているタンカ（仏画）はどれも大層古く、破れてしまっているものもあるけれど精巧な筆致にはただただため息が出る。1000年前のものといっていた気がするが、鑑賞に夢中ではっきり覚えていない。内部は撮影不可というのが非常にもどかしいものの、元の保存状態と秩序を保ったまま後世へ伝えていく使命があることを考えればそれもやむを得ない。

土壁むき出しの独創的ゴンパ

快調な走りを続け、午後の早い時間にはタボ着。前日までダライ・ラマが滞在していた街にはまだ歓迎ムードが残っていて、どこか活気が感じられる。ドライバーと別れたら、さっそくタボ・ゴンパへ向かう。

これまで見てきたゴンパとはだいぶ趣が異なり、乾いた土そのままの色、丸みを帯びた形状はどこかの遺跡にきたみたい。真ん中の広場に設えられたウッドデッキも変わっているけれど、広々とした空間で気持ちが良い。昼寝をしている少年の気持ちもよくわかる。

ちょうどほかにも見学者がいたのでいっしょに見て回ることにしたが、驚くほどチベット仏教に明るい方ばかりで肩身が狭い。懐中電灯片手に、壁画の解説を聞きながらいつもより時間を掛けて見学することになったが、おかげで普段なら知り得なかった細かい

素朴で愛らしい印象のタボ・ゴンパ。

違いに気づくことができた。例えば、同じような仏の絵が3つ並んで描かれているのは過去・現在・未来という変遷の表現だとか、壁に沿ってずらりと並ぶ仏像群はマンダラの構成要素のひとつだとか、出来映えの美しさというものを超えた本来の意味を知ることができたのは大きな収穫だった。ただし見終わった後は集中しすぎたためどっと疲れた。

翌朝、移動の前にふたたびタボ・ゴンパを訪れる。昨日の午後より空が青く、朝の凛とした空気の中で大きな存在感を示しているゴンパの間を縫うように歩き、一つひとつのいい表情を捉えるべくじっくり向き合う。白い壁のゴンパを数々巡った後だけに、素朴な雰囲気漂う土壁むき出しのゴンパは、思わぬ変化球のように感じられておもしろい。

駆け足で回ったスピティだが、各地で飾らない日常を覗かせてもらい、実際の滞在時間よりもずっと濃密なひとときを過ごせた。きっと後になってじんわりとスピティでの日々を反芻することになるのかな、と考えながら、次の街へ向かう長距離バスに乗り込んだ。

もこもこと隆起してできたような岩山の山肌にあるキ・ゴンパは一際強い存在感を放つ。

カムル、サラハン

石と木の不思議村に迷い込む

のっぽで頭でっかちの寺院が小さな村を見下ろすように建っている。城塞の役割も兼ねていたから高いのはわかるにしても、上階ほどどっしりとしたつくりというのが不思議。しかもインドでは珍しく木造で石葺きの屋根を持つ建築なのも異質でおもしろい。そんな寺院を一目見たくてキナウルという地域を巡ることにした。

キナウルの中心地レコンピオを出発したバスは川沿いの道をもうもうと砂煙を上げて走り、ときどき停車しては乗客を乗せて降ろしてを繰り返しているが、今度乗ってきたのは上半身裸でお盆を手に各席を回る人。寄付を求めるサドゥー（修行者）だろう。皆は小銭を渡しているが、さてどうしたものかと思っている間にこちらに近づいてきて、笑顔で「Welcome to Sangra Valley!」といいながら手のひらに砂糖菓子を乗せてくれる。気分の良い頼み方だとこちらも気前良く小銭を渡したくなる。うまいなあ。

昼前にサングラに到着。あの不思議な寺院、MOTMIM MANDIRのあるカムル村への基点となる街だ。で、カムルはどこ？と宿のスタッフに尋ねると向こう側を指差す。なんだ、全景が見えていたのか。

合掌する石の屋根がほうぼうに

リンゴ畑の間を突っ切る砂利道。足元には小川が流れ、車も滅多に通らない。カムルへの道中は気持ちの良い散歩道だ。おや、脇道に気になる小屋を発見。梁や扉には木、壁と屋根は石を積み上げただけという無骨なたたずまいで手づくり感たっぷりだ。村の入口にある門をくぐったところの、これは民家の門だろうか、横から見ると屋根が合掌した形になっている。ほかの家々も個性的で、薄くスライスした石をバランスよく積み重ねていたり、石の層の途中に角材を仕込んでみたり、構造上日本ではお目にかかれない建物のオンパレードに興奮が止まらない。これなら結構な急坂の登りもつらくない。

寺院前までやってきて重そうな門扉を押したがびくともしない。諦めて帰る前にもう一押し、と力を込めたらようやく開いて、警備員からキナウル地方独特の帽子と腰巻用にリボンを渡される。これらを身につけずして入るべからずと、注意書きにはある。サンダル

村を見守るように建つ寺院MOTMIM MANDIR。

上／カムルには石と木でできた個性的な民家が多い。　下／一段と古く大きな民家の前では、ネパールからの労働者がランチの真っ最中。

上／学校帰りの子供たちに見つかるや否や、あっという間に囲まれて「撮って!」　下／サラハンのシンボル、ビーマカーリー寺院。

を脱いでいざ寺院へ。入ってすぐ右側にあののっぽの寺院はあった。外観はネパールの木造寺院にどこか似ているが中はどうだろうと思ったら、残念なことに立入禁止だった。

寺院の日陰に仲良く座っているおじさんに話を聞いたところ、この村には約３０００人が住んでいて、３分の１が仏教徒、残りがヒンズー教徒だそう。そういやさっきヒンズー寺院とチベット仏教寺院がひとつの敷地に同居する場所があったけど、そういう事情なら納得がいく。

違うルートで帰る途中も民家や小屋のチェックは忘れない。それらを追っているうちにひときわ大きな邸宅の前で食事中の人びとに出会った。この家に住む少年がチャイを出してあげると奥に引き上げ、その間ほかの人たちと話すと、ネパールから働きにきているということだった。チャイを運んできてもらったのと同じタイミングで、彼らは仕事に戻る時間に。後からその仕事振りを見てみたら、抜群のチームワークで干草を納屋にひょいひょい放り込んでいた。しばらく見守ってから手を振って別れる。

それからはちょうど下校時間とかぶっていたのか、あちこちに制服姿の子供たちがいて好奇心いっぱいの彼らに囲まれ撮影大会が始まる。ひとしきり撮り終えてその場を離れた後も、背中からはキャーキャーはしゃぐ声が聞こえてきた。

予期せぬありがたいランチ

翌朝は一路サラハンへ。向かうはビーマカーリー寺院、黒い母の異名を持つあのおそろしい姿の女神カーリーを祭っている寺院だ。ここに併設されているゲストハウスに泊まろうと訪ねたところ、今日のお昼はただでご飯が振る舞われるという。いったいなぜ？理由はわからずじまいだったが、女性スタッフに連れられて寺院の裏側にいったら床に一列に座って黙々と食べる大勢の人たちが。空いたところに座るとトレーが配られ、米にサブジ（野菜のスパイス煮）にダル（豆の煮込み）と、次々盛られていく。どれもやさしい味で、胃袋にすいすい消えていく。

食後には寺院へお参り。門を抜けたら、銃を持った警備員に荷物はすべて外に残し、備えつけの帽子をかぶって寺院に入るよう指示を受ける。そこでひとりは荷物番、ひとりは参拝と交代で中へ入ることに。先ほどのふたつの注意事項以外にも革製品の持ち込みも厳禁らしく、後からきた参拝者がベルトや財布をベンチに置いて出かけていくのを見た。

寺院は建て替えをしたのだろうか、カムルのに比べてかなり新しく、測ったように整然と石と木が組まれている。電気の点いていない内部は薄暗くて、足元をしっかり見て歩かないとつまずきそう。最上階に祭られているカーリーの姿はうっすら黒光りしている程度にしか見えなかったが、傍らで熱心にお祈りを捧げる家族の脇で、これまでの旅の無事を感謝して手を合わせる。

石と木。周りを見ればどこにでも転がっていそうなものに手を加え、どこにもない丈夫で美しい建物をつくり上げたキナウルの人びと。立派な寺院建築ももちろん素晴らしいが、個性が際立つ素朴な味わいと知恵が詰まった民家を巡ったことが、ここでのいちばんの思い出になりそうだ。

column
⑧

ヘッドギアコレクション

インドでは街ゆく人の頭にも注目！
地域によって布に帽子に羽根飾りと、
個性豊かな身だしなみを目にすることができる。

◉ ネパリ帽（トピー）◉

ネパール人男性の正装に欠かせないこの帽子、晴れの日だけでなく日常生活でも着用。ネパール人も多く暮らすカリンポンにて。

◉ ラダック帽（ティビ）◉

祭のときなどに見かけるおめかしアイテムは、シルクハットのような独特の愛らしいフォルムが印象的。チェムレ・ゴンパにて。

◉ キナウル帽（テパング）◉

キナウルでは、老若男女問わずグレーにグリーンの切り返しがステキなフエルト帽子をかぶった人に出会える。シムラーにて。

◉ シク教徒の装い ◉

シク教徒の男性は髪を切らず頭に布を巻いて覆う。写真のターバン姿のほか、略式の巻き方をする若者も。アムリッツァルにて。

◉ ラジャスタン州の男性 ◉

同じターバンでもラジャスタン州では布をねじって巻きつける。原色の生地が強烈な日差しによく映える。ブーンディーにて。

◉ サドゥー？◉

チャイ屋で休憩中のひときわ目立つ恰好をした男性。サドゥー（修行者）？と話し掛けると黙ってうなずいた。シムラーにて。

第9章

国境で熱い暑いインドを感じる

印パ国境《アムリッツァル》の熱すぎる闘い

雨季の到来で連日雨模様、なのにインド人は濡れてもお構いなしの様子で普通に出歩いている。が、例外もある。それはターバンの上からシャワーキャップやビニール袋をかぶって雨対策をしているシク教徒の男性たち。伸ばした髪をターバンの中に収める彼らにとって、一度濡れるとなかなか乾かないターバンを雨から守るのは必然だろう。

ここアムリッツァルはシク教徒の総本山、黄金寺院がある街。15世紀に始まったとされるシク教はヒンズー教とイスラム教の教えだけでは物足りないと感じた創始者の、人間は皆平等という理念に基づいた宗教で、家庭を大切にし一生懸命働くことを奨励している。海外で暮らすシク教徒も多いので、インド人＝ターバンで長い髭という独特のイメージはそんな背景からきているのだろうが、インド全人口におけるシク教徒の割合がたったの

左／雨季は道路が冠水することもしばしば。
右／帽子風スカーフの巻き方をレクチャー中。でもどこか戸惑いを隠せない表情のまま。

2％ということを考えるとよほどインパクトがある出で立ちという証しでもある。

黄金寺院へ出かける前に1軒の商店に寄り、ちょっとした好奇心でお願いをしてみる。「ターバンをしたいのだけど、巻き方を教えて」。ところが、君には巻けないとやんわり断られてしまい、代わりにシク教徒の若い男性がターバン代わりに巻く帽子風スカーフをつけてくれる。そもそも両方とも女性が着用するものではないから終始困惑顔で、少々申し訳ない気持ちになる。ちなみに、わざわざ買わずとも黄金寺院で無料で貸してくれるので、手ぶらでいってもまったく問題はない。

色とりどりのターバンを纏うように

セキュリティゲートをくぐってサンダルを預け、小さな池で足を清めたらいよいよ中

上／警官の雨対策はターバンの上にシャワーキャップをかぶること。　下／雨が降っても動じず、備えつけの屋根を使うことすらしない。

上／まるで映画の衣装のような黄金寺院の警備員の制服。　下／寺院に参拝する前にまずはしっかりごあいさつ、といったところか。

階段を降りてすぐのスペースでは、シク教徒が次々と手を合わせていく。

へ、と警備員に止められ一言。「靴はどこにある?」履物の持ち込みは厳禁で、かばんに入れていてもだめだという。ちゃんと預けてきたことを話すと、ご協力ありがとうと笑顔で返される。

手を合わせ、床にひれ伏してお参りする参拝者の多くがターバンを巻いたシク教徒。警備員や寺院関係者もターバン姿で、視界にはピンクや青、小豆色などのカラフルな色が踊る。中央の池に浮かぶようにして建っている黄金の聖堂、ハリ・マンディル・サヒブへ続く橋には長蛇の列。頭上にはものすごい数の扇風機が並ぶ。

中では楽器を演奏しながらキールタンという聖歌を歌う僧と、歌詞が書かれた本を片手に歌を口ずさむ信者たちがいっぱいで歩くスペースもないほど。皆そこをどうにか歩きながら中央に向かってお金を投げていき、それを定規でかき集める僧はかなり忙しそう。キールタンの詠唱は毎日、早朝から夜遅くまでほぼ休憩なしで続けられるというから、僧も相当タフでなければ勤まらない。

次に向かうはグル・カ・ランガル、無料で

大きな国旗を持って走るのは大変そうだが、皆真剣。

隊長が号令を掛けると観客からは大歓声が上がる。

食事をふるまってくれる大食堂だ。入口で食器を受け取り、じゅうたんの上に座ると空っぽの皿を見つけた配膳係がチャパティを投げ渡し、ご飯やおかずをどさっと盛り、あっという間に質素なベジタリアンワンプレートの出来上がり。食後に使用済みの食器を渡すと、片づけ係がフリスビーのような手さばきで大きなカゴに皿を投げ入れ、洗い場で一列になって待機中の皿洗い係の元へと運ばれる。素晴らしい連携プレーに舌を巻く。

大げさなパフォーマンスに大興奮

午後は一路国境へ。なにかと不穏な空気が漂うインドとパキスタンにおいて、お互いの力を思いきり見せつけるぞといわんばかりの勇ましい行進と、1日を無事に締めくくろうという協力の下に毎日繰り広げられる国境閉鎖式を見るためだ。この儀式を目当てに、夕方ともなるとインド側のアターリー国境とパキスタン側のワガー国境には大勢の見物客が詰め掛ける。

行きも帰りも乗り換えなしで楽だからと乗

合ジープに決めたはいいが、定員が埋まらず出発時間は押すわ、途中でギアが動かなくなって立ち往生するわ。どうにか国境近くまできたが時刻は17時半、もう閉鎖式は始まっているはず。ここから国境までは歩いて20分。仕方ない、言い値は少し高いけどサイクルリクシャー（三輪の自転車タクシー）に頼ろう。ここで間に合わなかったら意味がないもの。

急いで観覧席へ。ここは外国人が座るエリアで、柵を越えた隣の一般席にはインド人がびっしり。柵をまたごうものならすぐさま警備員が怖い表情で警笛を鳴らして注意する。

ステージとなっている国境前の道路では、大きな国旗を担いでのリレー真っ最中。その後は大音量のインドポップスに合わせてのディスコ大会と続く。そのうち司会者が登場してなにやら高らかに話し出すと、周囲のインド人は歓声を上げて拍手をする。いよいよか。しかしトークで煽ってばかりでなかなか始まらない。

ようやく衛兵所から兵士が出てきた。姿勢を正し、一列に並んで太ももを高く上げてドン！と地面を蹴る。背筋を伸ばして行進し観

早送りをしているかのような素早い行進で国境へ。

国旗が降ろされると閉鎖式は無事終了となる。

客の前へ。湧き起こる歓声と拍手の中、胸を張って立つ兵士たちの誇らしげな顔。隊長が合図をすると、ひとりの兵士が握ったこぶしをぶん、と下に降ろし、大きく手を振ってものすごいスピードで国境ゲートに向かって行進を始める。歓声は一層激しくなる。

向こうのゲート前にも同じように行進してきたパキスタンの兵士が到着し、にらみ合うように敬礼をしたら脇に控える。ほかの兵士も同じように続々とゲートを目指す。立ち上がる観客を注意していた警備員ももはや諦め顔。興奮が最高潮に達しているから、注意する声も耳に入ってきやしないのだ。

インド側、パキスタン側共に兵士が整列して一呼吸置いたら、国旗がゆっくりと降ろされる。このときばかりはあれだけ騒いでいた観客も静かにその様を見守る。国旗が手元に届くと、すぐにたたんで衛兵所目指して一目散に行進して去っていく。鳴りやまない歓声と拍手。今日も無事に国境は閉鎖された。また明日、ここをたくさんの人や車が行き来するだろう。そして夕方になると、熱い儀式に酔いしれる観客で埋め尽くされるだろう。

デリー

最後のインドはめまぐるしく

インドの旅がもうじき終わる。

この旅で3度訪れたデリーの風景は最初にきたときとなんら変わらないけれど、肌で感じる印象は大きく異なる。日本からやってきたばかりの3月は、日中からっと暑くても夜には長袖が重宝するほど風が冷たかった。6月に通過点として立ち寄ったときは暑季真っ盛りで気温は40度を超え、昼間に外を歩くと頭がくらくらした。そして7月の今、暑さは和らいだものの湿気が多く、太陽が顔を覗かせた途端にじんわり汗がにじむ。急に雲行きが怪しくなってざーっと雨が降ると道路が冠水し、足止めを食らうこともある。

　でも暑さや雨に負けてはいられない。残された時間はあとわずかなのにやりたいことは盛りだくさん。机いっぱいに地図を広げてどうしたら効率よく回れるか、眉間にしわを寄せて朝から考え込む。

お土産探して市内をうろつく

インドのものならなんでも揃う首都デリーだからこそ、迷った挙げ句に買うのを断念した各地の土産物を探すのに絶好の地であり、買い求める最後のチャンスである。初めにやってきたのは各州が運営する定価販売の物産店。1軒1軒見て歩き、気になったものは即座に吟味して買うかどうかを判断していく。近くには洗練された逸品を扱うセレクトショップが並び、ちょっと足を延ばせばアンティークに強いショップが集まるジャンパトのマーケットやいかにもインドらしい土産物だらけの露店もあって、どこもかしこも購買欲をそそるから大変だ。

　デリーの南部にもあちこちにマーケットが点在する。インドの富裕層や駐在員に人気の

人気の紅茶屋の店内。壁一面に紅茶やスパイスの在庫がぎっしり。

カーン・マーケットでオシャレなインテリアショップや本屋を眺めたら、骨董屋が多いスンダル・ナガル・マーケットに移動。探せば探すほどお宝が出てくるショップに出くわして興奮するも、一つひとつの値段もそれなりに張るのが悩ましい。さすがに予算オーバーで購入は断念したものの、瞬時に好みのティストを見抜いて気に入りそうなものを次々と出してきてくれる店主のおかげで、インドの素晴らしい手わざの品をたくさん見ることができた。

満足して外へ出ると激しい雨。慌てて評判の紅茶屋に駆け込む。店内にはダージリンを始めとした銘茶と、インド料理には欠かせないスパイスが所狭しと並んでいる。うんちくを聞き試飲をしながら、あまりの種類の豊富さに圧倒されながら選ぶ楽しさといったら。時間を掛けて選んだ品物をたっぷり抱え店を出ようとしたが、まだ雨は降り止まない。お店で少し待てば?という店主の言葉に甘えたいところだけれど、もう外は暗くなりつつあるし、宿に戻るのが遅くなっても……。やっぱり帰ろう。

振り回されっぱなしの帰路

店を出て流しのオートリクシャーを待つが、手を上げても全然停まらない。中には誰も乗せていないのにこちらを見ることなく素通りするものもある。帰宅ラッシュの時間帯に加え、急な雨で乗客が一気に増えたこと、また仮に乗せても、ツーリストがいきそうな場所では新たな乗客を捕まえるのが難しいから乗車拒否され続けているのだろうか。まさかインドに慣れた今頃になって、普段なら選び放題のオートリクシャーに振り回されるとは。

1時間辛抱強く待ってみたが、望み薄だと判断してバスで帰ることにした。ただしどのバスに乗ったらいいのか、乗り換えが必要かどうかなどまったくわからない。やってくるバスすべてに行き先を尋ね、やっとのことで乗車できたと思ったら、赤になったまま5分経っても10分経っても信号が変わらず進めないバス。乗客は動じることなく座っている。かなり長いこと待って、ようやく走り出した。降りる場所を見落とさないよう外の景色を必死で追い掛けていると、若い女性がこちらの様子に気づき、どこにいきたいのかと話し掛けてくる。「じゃあ私についてきて」

いっしょにバスを降りたら見覚えのある光景が。ここからなら自力で帰れるとほっとすると、彼女はサイクルリクシャーに近づき代わりに値段交渉を始めていた。もう大丈夫と駆け寄って制止する。心配そうにしながらも、最後には笑顔を浮かべて見送ってくれた。

遠くの空には分厚い雲の合間に雷鳴がちらつき、手前には紫色した幻想的な夕焼けを背景にタマネギみたいな形をしたジャマー・マスジッドの屋根が浮かび上がり、さっきの雨で道のところどころにできた水たまりがその情景の断片を映している。美しい風景の広がるほうに向かえばオールド・デリーにいける。

土砂降りの雨の中で

夕飯時になってしまったので路地裏のレストランへ入り、羊料理に舌鼓を打つ。しばらく途絶えていた雨がさっきより勢いを増して、食べ終えても止む気配はない。傘とレインジャケットの完全防備で外に出たもののすぐにずぶ濡れ。歩くのもままならない雨に途方に暮れる。仕方なく近くの食堂の軒先で雨宿りをしていたら、店員が席に案内する。じゃあ飲み物でも、とそのままついていくと食事しか提供していないとのこと。今は満腹でとても食べられないからと席を立とうとしたら、いいから雨が止むまで座っていけという。15分もすれば止むよとの言葉通り本当に雨は弱まった。笑顔で感謝の念を告げ、再度オートリクシャーと交渉していると、あろうことかまた激しく降り始める。ちっとも思う通りにいかず、今日はとことんやられっぱなし。

やっとのことでサイクルリクシャーを捕まえ最寄りの地下鉄の駅までお願いし、冠水した道路をざぶざぶ走る。ここまでシャワーを浴びたみたいに濡れると、不快を通り越しておかしくてたまらない。それでさあ無事に到着したと思ったら、交渉した値段の倍以上の金額を請求してくるのだから、まったくインドは最後まで愉快ったらありゃしない。

明日にはこんな濃厚かつめちゃくちゃな時間と別れを告げ、日本に帰るのか……。

上／ジャマー・マスジッドの背後の空には、嵐前の不思議な色をした夕焼けが。　下／豪雨と雷鳴により道路はもはや川と化していた。

初日となんら変わらない最終日のデリーの風景。10年後も20年後も、変わらずにいてほしい。

ACUPRESSURE, ACUPUNCTURE, SUJOK, MAGNETIC, PYRAMID, VASTU
TATA
com
ALOON

© corbis/amanaimages

ル・コルビュジエ×インド

近代建築の巨匠ル・コルビュジエが還暦をすぎてから初めてインドを訪れ、精力的に取り組んだ都市計画という壮大な仕事。その足跡をたどって見えてきたものとは。

互いに引きつけ合ったインドとル・コルビュジエ

まっすぐに延びる車道を渋滞知らずですいすい走る自動車とオートリクシャー。流れる景色に目をやれば、道の両側には整然と並ぶ街路樹に広々とした歩道、その奥に直線的なラインでつくられた低層住宅や大規模なビル。これまで巡ってきたインドのどの街ともまったく異なる雰囲気を持つチャンディーガルは、インド北西部のパンジャーブ、ハリヤーナー両州の州都。

1947年の分離独立に際してパンジャーブ州は隣国パキスタンと二分されることとなり、かつての州都がパキスタン領となったため新たに州都を築く必要が生じた。既存の都市がいくつか候補として上がり、翌年、小さな寒村のあった地域に建設することが決定。インドでの実績があった外国人建築家に依頼してプロジェクトチームが組まれ、いよいよ設計がスタートした。が、その矢先、建築家のひとりが不慮の死を遂げたことで、ふたたび建築家探しを余儀なくされる。

紆余曲折を経て白羽の矢が立てられたル・コルビュジエは、厳しい条件の依頼にもかかわらず大きな責任とやりがいを感じて引き受けた。長いキャリアで培った建築理論を駆使してまったく新しい理想都市を形づくること。それは建築家の夢ともいえる大業だったからだろう。

ヴィダーン・サバー（議事堂）

ル・コルビュジエの作品群が一堂に揃ったセクター1は政府機関が集うエリア。この中でもひときわ異彩を放つのが、太陽に顔を向けた煙突状の天窓、重厚な曲線が目を引く屋根、原色で描かれた扉絵を持つヴィダーン・サバー。内部は薄暗く、鉄格子みたいな巨大な扉を開けて進んでいった先々で目にしたのは、神殿か洞窟かと見紛う独特の強烈な空間だった。

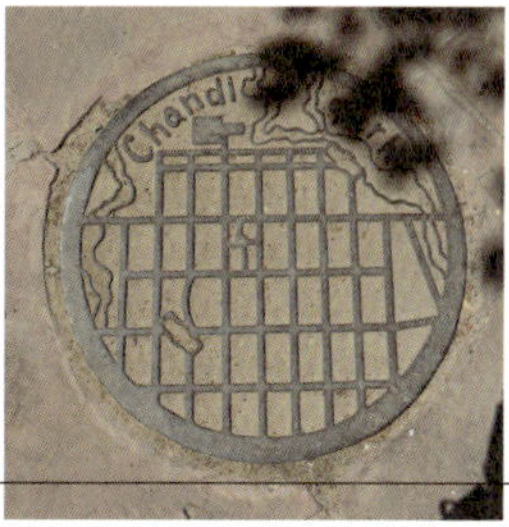

ハイ・コートの内部から

内と外の境界が曖昧な建物の中をジグザグに上へと走るスロープ。大胆なパステルカラーづかいの壁のような柱をここから眺めると、一部分だけが切り取られた形で見え、アート作品に触れているような錯覚に陥る。

マンホールのふた

街中で時折見かけるマンホールのふたは、チャンディーガルの市街地がモチーフ。ル・コルビュジエは800×1200mの長方形のブロックが格子状に並ぶ区域をセクターと呼び、それぞれの中で「住む」「働く」「レジャー」ができるような都市計画を行った。

ハイ・コート（高等裁判所）

波打つ大きな屋根が雨を遮って日陰をつくり、かつ風を通すつくりになっているハイ・コート。階下には9つある法廷の外に設えてあるベンチに腰掛けて待つ人、足早に通りすぎるスーツ姿の人で活気に満ちた空間となっていて、開放的でとても賑やか。

セクレタリアート（行政庁舎）

巨大な幾何学模様の羅列で存在感たっぷりのこの建物の中に入ると、職員が忙しそうに行き交う様を目の当たりにする。国の行政事務が執り行われる場所のため、監視の兵士付き添いのもとで向かった屋上庭園からは、セクター1の構成と各建物とが一望できるという、絶景ポイントが待っていた。
※セクター1のル・コルビュジエ建築を見学する際、事前に許可証を発行してもらわなければならない。また各所で申請の手続きも必要。

美術学校

風通しの良い壁面を持つ平屋建ての校舎は、制作に取り組むには素晴らしい環境に違いない。教室のひとつを覗くとデッサンをするための部屋だろうか、ゆるい弧を描いた高い天井の下に、イーゼルと合体した椅子が規則正しく並べられていた。

オープン・ハンド（開かれた手）

セクター1を見渡すようにして建つモニュメントに刻まれたしわは、植民地時代に経験した苦痛を表しているかのよう。

美術館

文化施設の集まるセクター10にある美術館は、ピロティやスロープ、自然光を利用した照明計画に加え、空間がらせん状に延びているため展示品が増えても外側へ増築することが可能という「無限成長美術館」のコンセプトで設計されている。

影の塔

日差しを遮り、心地良い風が通り抜ける影の塔は絶好の休憩スポット。

廃材でできたもうひとつの都市

インドでタージ・マハルに次いで多くの観光客の訪れる名所が、チャンディーガルにはある。その名はロック・ガーデン。偶然か必然か、新都建設の副産物として誕生したこの庭園は、ひとりの男性の大胆な行動がなければ存在しなかった。

　チャンディーガルを建設に際してもともとあった村を取り壊した際、大量の廃材が残った。それらを見た当時の道路監視官ネック・チャンドはこっそりその廃材を持ち帰り、そこら中に転がる石も用いて、仕事を終えるとこつこつと人形づくりに精を出した。そのうち自宅には収まりきらなくなり、空いていた公有地を勝手に占拠して制作を続け、とうとう、というかやっと15年後に見つかってしまう。そのときに完成させていた像の数、数万体。

　不法占拠ゆえ取り壊されても文句はいえない状況だが、その価値を認められ、ついには道路監視官から公園の制作責任者に任命されて、現在でもロック・ガーデンの片隅で昔と変わらず制作に励んでいる。秘密の庭園は、今もなお増殖を続けている。

園内の様子

狭い道を抜けた先に現れる滝に来園者は大はしゃぎで、滝をバックに記念撮影をする人が続々。中には眺めるだけでは飽きたらず、服を着たまま水浴びをする人も。さらに進むと割れた便座や食器でできた壁や、修復作業の光景も。

個性豊かなオブジェの数々

独特の顔立ち、不思議なバランスの体つきをしたオブジェがずらりと並んでお出迎え。謎のポーズを決めていたりおかしな表情を浮かべていたり、どれひとつとして同じものはない。この奇妙で愉快な世界観は相当クセになる。

市立美術館
(サンスカル・ケンドラ)

先に登場したチャンディーガルの美術館、そして東京・上野にある国立西洋美術館と同じく「無限成長美術館」のコンセプトで設計されたサンスカル・ケンドラは、残念なことに傷みが激しい。今後はこの建物の良さを活かした維持の仕方を検討していくことを願う。

サラバイ邸

緑豊かな広大な敷地をしばらく歩いた末に辿り着いたこの建物は、パトロンとしてル・コルビュジエの良き理解者であったサラバイ氏の個人邸。内と外の空間が一体となったつくりに水をたっぷりたたえたプールが見た目に涼しいが、そのすっきりした印象とは対照的に室内にはたくさんの家具やアート作品が所狭しと飾られていた。

アーメダバードのコルビュジエ建築

グジャラート州最大の都市であり、古くから繊維業で栄えてきたアーメダバードにもル・コルビュジエの手掛けた作品が存在する。繊維業で成功を収めた人たちがパトロンとなり、アーメダバードに世界水準に匹敵する建築を、ということでこの地に招待したからだ。

暑季に入ると過酷な暑さが待っているアーメダバードでは、雨と強い日差しを避け、かつ涼しさを得られる建物が求められた。その結果、それまでの彼の作品にはあまり見られなかった、建物の内にいながら屋外とつながるという空間が生まれていったのは必然の流れだったのかもしれない。

インドで仕事をするようになってから、ル・コルビュジエはインド古来の伝統や厳しい気候、人びとの暮らしなど、さまざまなものに関心を抱き、自分の中に取り込んでいった。そしてあるがままを受け入れ、自然と一体化しようとした結果、より自由度の高い空間を次々生み出す原動力を手に入れることができたのではないだろうか。

繊維業者協会会館

ブリーズ・ソレイユと呼ばれる日よけがつくり出す光と影のコントラストが美しく、ところどころから顔を覗かせた植物に彩られたファサードが印象的な繊維業者協会会館。窓ガラスが使用されていないので、気密性、断熱性を求める今の日本とは打って変わって気持ちいいほどに開放感に満ちた建物である。

室内のさまざまな表情

間仕切りやベンチに用いられた美しいラインの曲線と、建具や壁の一部に施された鮮やかな色の塗装が、建物全体に絶妙なアクセントをもたらしている。また、正面にも背面にも大きな開口部が設けられているため、そばを流れる川からの風がよく通り、鳥が遊びにやってきてはお気に入りの場所を見つけてのんびり休んでいく。

インドを旅する上で

チケットの手配や
ビザ取得などの実準備を進めつつ、
不安に思うことを
頭の片隅にピックアップ。
多少の心構えを持って
自分なりの対策を考えておけば、
必要以上に身構えなくても
到着した瞬間からインドを楽しめる。

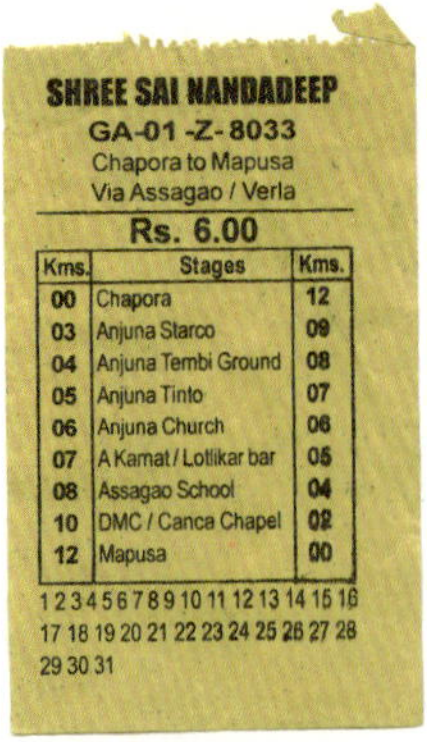

旅の時期

ベストシーズンといわれるのは乾季である11〜2月頃なのに、出発日は暑季に突入する3月始め。インド政府観光局のスタッフですら暑すぎるからやめたほうがいいと心配するので一瞬ひるんだが、それでも出かけたくなる材料が揃っていた。

まずは春の訪れを祝うヒンズー教最大の祭、ホーリー。色粉や色水を誰彼構わず掛け合うというクレイジーさを一目見たくて。また、マンゴー生産量世界一のインドにおいて、最高級品といわれるアルフォンソ・マンゴーが出回るのが4〜6月頃。インド人も毎年心待ちにしているというそのマンゴーをたらふく食べてみたい。そしてインド北部のラダック地方にいくなら、夏場の6〜8月に訪れるのが最適。ツーリストが大挙して押し寄せるため宿は値上がりするが、それ以外の時期は雪に閉ざされるため交通手段が極端に少なくなるし、宿やレストランも閉めるところが多い。

ホーリー当日、色粉まみれになった人が普通に街中を歩いている。

そんな数々の楽しみを満喫しながら3カ月ほどで全土を一周、と思っていたものの、インドは想像以上に大きくて結局5カ月近くもかかってしまった。

快適さを優先の宿探しと移動手段

到着してみれば日中は30度を超える暑さ。ばてて体調を崩してはどうしようもないので、多少値段が張ってもなるべく冷房付きの部屋を選んで疲れを残さないようにした。基本的に予約はせず、部屋を見せてもらって日当たりや冷房の効き、清潔さなどを確かめてからチェックイン。標高の高い涼しい地域ではホットシャワーが使えるかどうかの確認も忘れずに。まともな部屋に通されることが多かったが、それでも防犯対策にはつねに気を配っていた。

移動時には冷房付き車両を選択できることや、車内で食事がとれるといった快適さを考えて電車を選ぶようにした。冷房車には人で溢れかえる自由席のような密度の濃い触れ合いはなかったが、代わりにインテリ層と話す機会が多く、社会問題など知られざる現在のインドの一端を知ることができて興味深かった。

紙幣にはさまざまな言語で額面が記載。そのどれもが公用語。

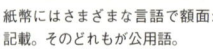

英語だけでほぼノープロブレム

公用語はヒンディー語なので一応ヒンディー語の会話帳を持っていったが、ほとんど活用する機会はなし。広大な国土と莫大な人口を抱えるインドには18の主要言語と844の方言があるため、地域が変わると文字も言葉も大きく異なり、インド人同士でも出身地が違えば英語で会話するほど。ツーリストが訪れる場所では英語がほぼ通じるし、むしろ難しい英単語を操って流暢に話せる人もいる。とはいえ、独特の訛りで聞き取りづらいことも少なくない。なお、インドでいちばん耳にする「No Problem!」は口癖のようなもので、問題のある場合でもひんぱんに使われる油断できないフレーズだ。

近寄ってくる連中への対処法

インド滞在中に一度も客引きや物乞いにつきまとわれることなく過ごす、というのはまずありえない。それぐらい日常的な出来事となっている彼らとのやりとり、いったいどうしたらいいか。

強引な客引きに声を掛けられたら。日本で同じような状況になったとき、自分はどうするかを一瞬考えてみる。風貌は怪しくないか。見知らぬ人に話し掛けられてすぐに信用するだろうか。小さなうそから手の込んだ詐欺まで、あらゆる手段でツーリストを食いものにしようと狙っている輩から身を守るには、一歩引いて状況を判断すれば案外無事に切り抜けられる。

物乞いが施しを、といってついてきたら。これは少々難しい。訳あって物乞いにならざるを得ない人もいれば、お金を持つ者からいただくのは当然と思っている人もいるし、よからぬ組織がバックについて稼ぎを搾取しているケースなど、複雑な事情が絡んでいる。施すか施さないかを決めるのは、自分自身がどれほどその行為に責任を持てるかだと思うが、ひとついえるのは自己満足のために何かをあげることはやめたほうがいいということ。インドにいる間ずっと頭を悩ませるこの問題は、ツーリスト同士で話しても結論の出ない難題だ。

些細なこと、だけど気になること

水／ミネラルウォーターは商店でもお土産屋でも街角のジューススタンドでも買える。万が一買える店がなかったとしても、宿のスタッフにお願いすればどこからか調達してきてくれるので心配はご無用。むしろ暑い時期に気をつけたいのは、こまめな水分補給。なんだかだるい、頭がふらふらするなんてときは脱水症状一歩手前の兆候かもしれないので、たっぷり飲んでしばし休憩しよう。

マイボトルがあれば、水のリフィルサービスを受けられるところも。

トイレ／駅やバスターミナルには有料の公衆トイレがあるが、しゃがんで用を足すインド式が主流。インド人は脇に設置してある水瓶から水を汲み、左手を使って洗い流す。インドスタイルはちょっと、という場合はトイレットペーパーを持参すること。ただし、便器には捨てないよう気をつけよう。高級ホテルやレストランであればトイレットペーパー付きの洋式便器が待っている。

トラブルに見舞われたら／交渉した値段よりも高く請求されたり、少しでもおかしいと思ったときは自分の主張を相手にぶつけてみよう。相手も応戦してくるが、こちらが本気で怒るとあっさり引き下がる場合がある。「こんなことまでいったら悪いかな」と思って泣き寝入りするより、日本ではできないトークバトルを思いっきり楽しむぐらいの気持ちでいたほうが、旅をしている実感が湧いていいかもしれない。

旅の荷物

これだけは譲れない、という自分なりの必須アイテムを詰め込んだら、あとはいかに荷物を少なくするかに知恵を絞りたいところ。軽量化を図るとか現地で調達するとか、工夫のしがいがあるからこそパッキングは楽しくて難しい。

旅の写真に使用したもの

RICOH GX200

リコーのハイエンドコンパクトデジカメ。小さいながらも細かい設定が可能な上に広角に強く、乾電池も使えるというのが旅では心強い。また、各種レンズや液晶ビューファインダーといったオプション品を使うことでさらに撮影の幅が広がる、カメラ好きの心をくすぐる頼もしい逸品。今回の写真はすべてGX200で撮影。

Adobe® Photoshop® Lightroom® 2

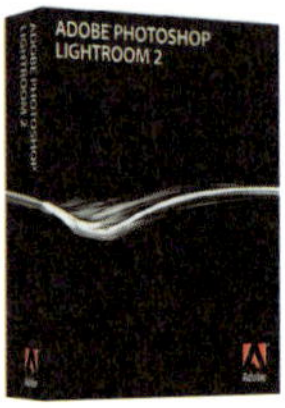

Adobeの写真処理・管理ソフトウェア。撮影した写真の読み込みから整理・現像・公開までを簡単かつスピーディに行うことが可能なため、旅先で増え続けるデータの整理に大いに活躍すること間違いなし。画像を劣化させることなく調整できるのもうれしい。今回の写真はAdobe Photoshop Lightroom 2で現像。

切っても切れない旅と電化製品

インターネットや写真の管理、ブログのアップに欠かせないノートパソコンは小型なものが持ち運びが楽でおすすめ（SONYのVAIO type Tを持参）。現地の電圧に対応した電源ケーブルと変換プラグのセットも忘れずに。それから充電式の単3・単4型電池と充電器を何本か準備していれば、デジカメに目覚まし時計にスピーカーにとさまざまな機器に使えて重宝する。特筆すべきは一台で何役もこなすiPod touchの威力。音楽を聴くため以外にもアプリで小説を読んだり体調不良に効くツボを調べたり、為替レートや各地の天気チェックなど、これひとつでこなせることは無限大の、小さいけれど大きく頼れるガジェット。

ネットカフェでも自分のPCがあるとなにかと便利。

もしも、に備えて憂いなし

ひんぱんに使わなくても持っていてよかった！と思える保険のような役割を果たすグッズを忍ばせておけば、旅での快適度はぐんと増すはず。例えば雨季に旅することがわかっているなら、バックパックを雨から守ってくれるパックカバーや折りたたみ傘、レインジャケットは必需品。万が一濡れてしまったら速乾タオルで水分を高速吸収すれば風邪を引かずに済む。ほかには置き引き防止のワイヤーロック、部屋に鍵を掛けるときに使う自前の南京錠、突然の停電や暗がりの中を移動するときのために巻き取り式コードのついたヘッドライトがあると便利。洗えば何度でも使える布ナプキンも、女性にとっては安心安全なお役立ちアイテム。

移動が大雨の日なんてこともあるから対策は忘れずに。

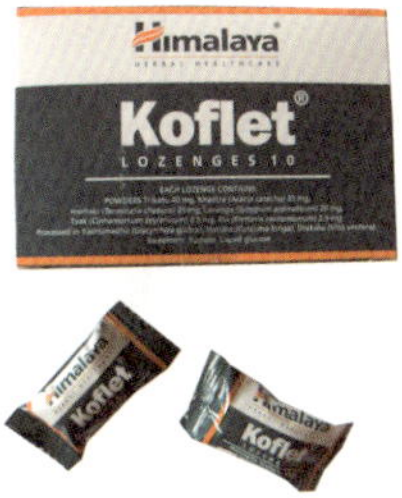

のどあめ

のどが痛いと思ったら
のどあめで風邪予防。
ちょっと甘いものが
欲しいときにも。

baby cream

アーユルヴェーダコスメの老舗メーカー
Himalayaシリーズのクリームで
カサカサ肌をしっかり保湿。

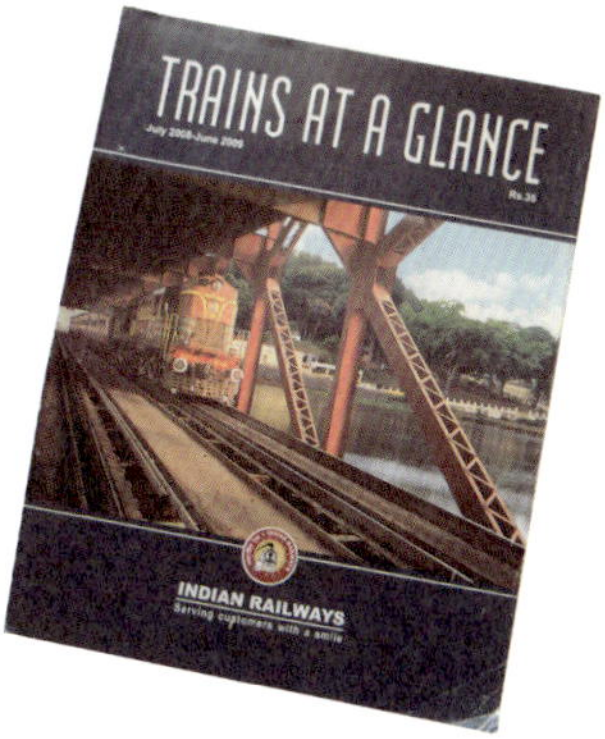

Trains at a Glance

全国の電車の離発着時刻が
わかる時刻表。
ルートを検討する際のお供に。

現地のグッズで乗り切る

インドの旅で活躍した
日用品の数々。スーパーや
商店、薬局などで
比較的手に入りやすいので
必要に応じて
調達すれば大丈夫。

ショール

首に巻いて防寒も
できれば、暑いときには
日よけとしても
使える優れもの。

長袖シャツ

薄手の長袖シャツは
直射日光から肌を
守るので、半袖よりも
むしろ快適に過ごせる。

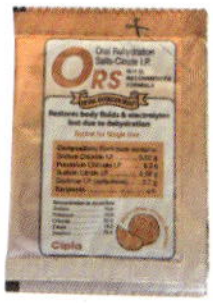

経口補水塩（ORS）

下痢や嘔吐で脱水症状に
なる前にこれを水に溶かして
素早く水分補給。

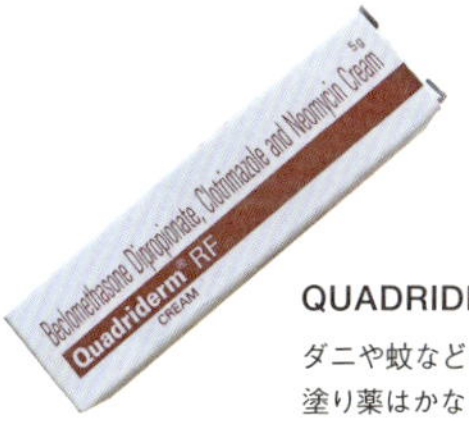

QUADRIDERM

ダニや蚊などの虫刺され用の
塗り薬はかなりの効き目で
すぐに症状が緩和された。

Pure Hands

食事の前に手を洗う場所がない！
なんてときにもってこいのハンドジェル。

Good Knight

ソフトな香りで蚊を
寄せつけない電気蚊取りは
商品名が絶妙。

茶こし

紅茶の有名なアッサム州からやってきた茶こしはオールハンドメイド。

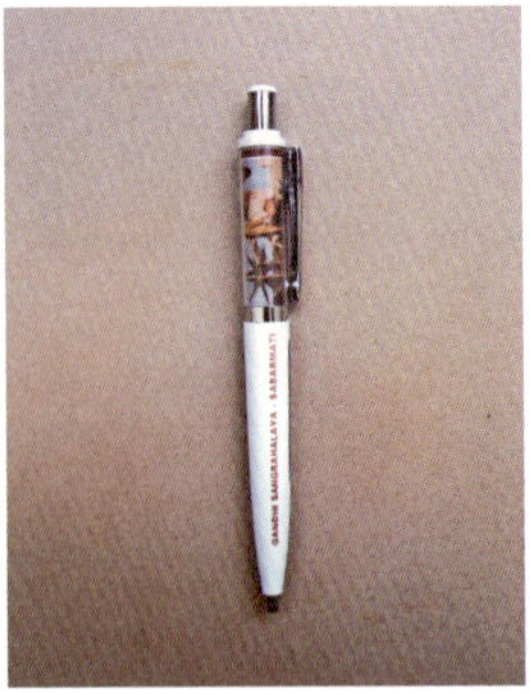

ガンジーメッセージボールペン

カチカチ押すと、小窓のメッセージが変わる楽しいボールペン。

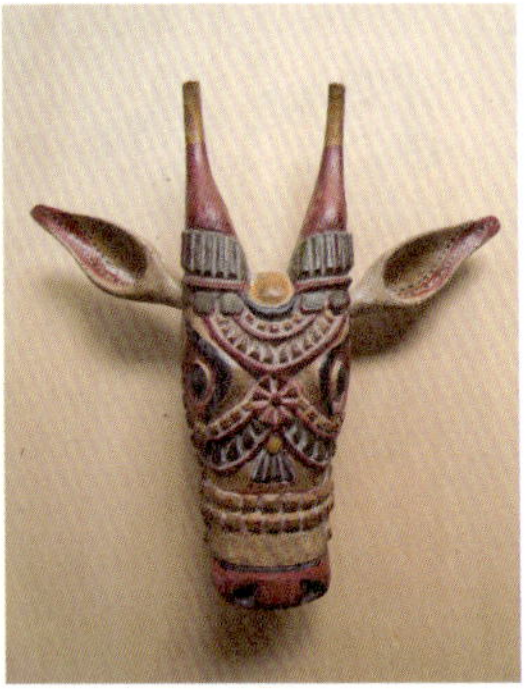

牛の壁掛け

塗料には天然染料を使用した、80年ほど前のアンティーク品はユダヤ人街にて購入。

ブロックプリント用の木判

手のひら大の、スタンプを押して模様をつけていくブロックプリント用の木判。

ハンドメイド人形

カッチ地方の少数民族の村を回っていたときに立ち寄った民家で購入。

怒れる石仏

石像の工房兼ショップで出会った眉間にしわを寄せているブッダ像。

長袖ワンピース

大都会ムンバイのツーリストで賑わうコラバ地区で見つけたワンピース。

買わずにいられなかったモノたち

インド各地で買い物魂に
火がついてしまった小物たち。
モノとの出会いも一期一会、
ひとたび気に入ったら後悔しないよう、
買うという前提でじっくり品定め。
ただし値段交渉はしっかりと。
愛嬌と粘り強さで
手に入れた逸品はこちら。

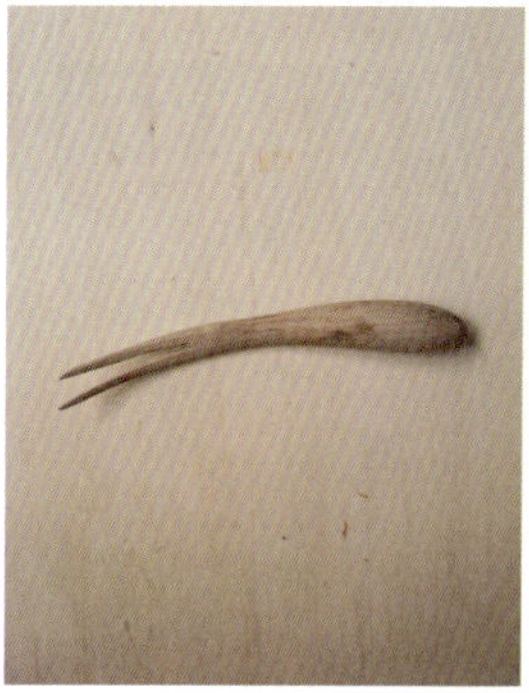

ふたまたフォーク

一本の木を削ってつくられたふたまたのフォークはナガランド州の工芸品。

カディのフィッシャーマンパンツ

生地屋で購入したカディを持ち込み洋服屋でオーダー。即日仕上がりで満足。

ダージリンティー

ダージリンにきたなら本場のダージリンティーを。種類がとにかく豊富。

ナガランドの木彫り像

プリミティブな香りがぷんぷん漂う木彫り像。

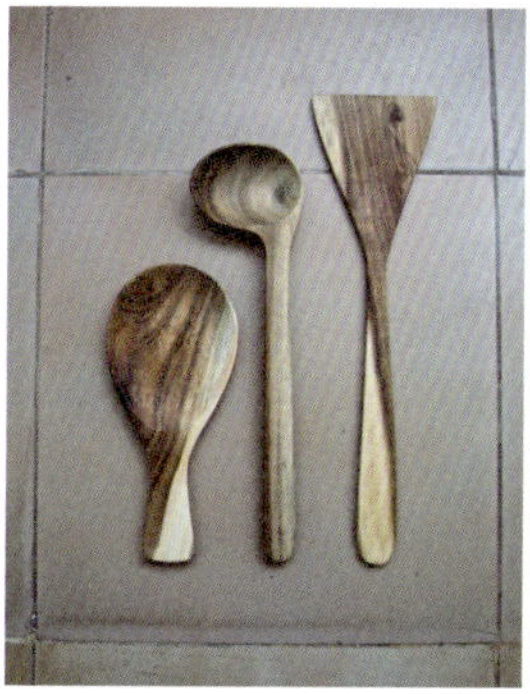

木製の調理器具

軽い木でつくられていて使い心地も申し分ない調理器具たち。

ビーズキーホルダー

茶色いルドラークシュの実は、シヴァ神の涙が落ちた聖なる木から採れるもの。

「AUROVILLE ARCHITECTURE」

オーロヴィルのユニークな建築物や写真撮影不可の瞑想室内部など写真がたくさん。

背負い紐

荷運びをする人には欠かせない背負い紐は、おでこで縄紐を受けて使う。

オーガニックのコーヒー豆

南部ではポピュラーなコーヒー。でもインド産の豆を売っているところは少ない。

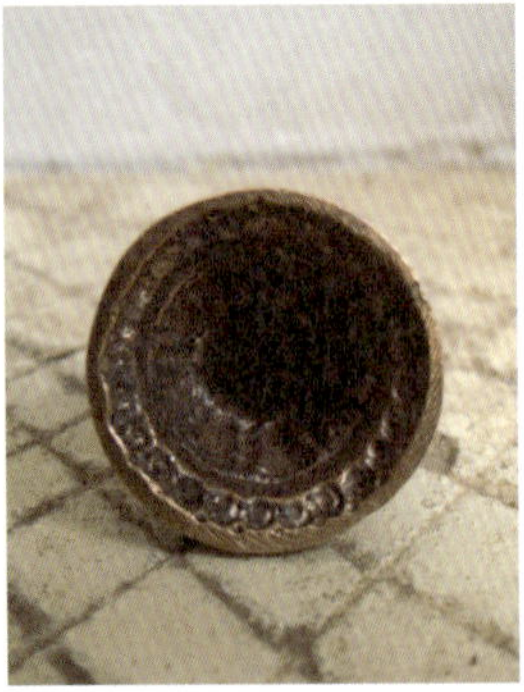

ストゥーパメーカー

ストゥーパ（仏塔）を量産するためのものらしく、内側に幾何学模様が刻まれている。

オーガンジーのショール

シルクでできたふわふわ軽いオーガンジーのショール。

「LADAKH」

インド北部のチベット文化圏、素朴で魅力あふれるラダック地方の写真集。

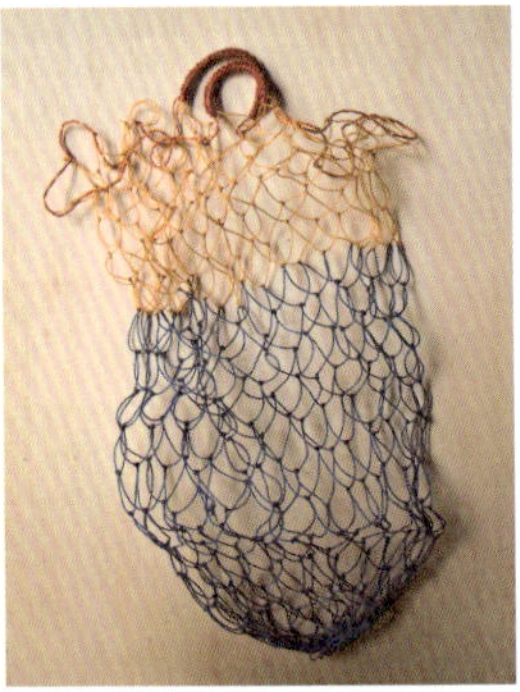

あみあみバッグ

個性的なバッグをひとり黙々と手作業でつくり続ける職人のカバン屋で発見。

ブッダネックレス

革に包まれたブッダと経典の収められた革飾りのついたアンティーク品。

タルチョ

風にはためくごとに仏法が世界中に広まるといわれる経文が印刷された祈りの旗。

アンティーク南京錠

見掛け倒しではなく、鍵を回すとカチャッと音を立てて本来の役割も果たす。

アプリコットジャム

ラダックの特産品のアプリコットを地元の女性が加工して販売。

オリッサの置物

オリッサ州のトライバルアートである真鍮の工芸品は、どれも独創的なフォルム。

チャイの素焼きカップ（プルワ）

出くわす頻度は減ったものの、未だ健在の素焼きカップは味わい深いたたずまい。

壁掛けマニ車

これはゴンパ（僧院）や道端に設置されている大型マニ車のミニチュア版。

マニ車ペンダントヘッド

アクセサリーといってもちゃんと経文も入っているし、回すことだってできる。

ガモーチャ

フェイスタオルのことをガモーチャというらしい。白地に赤い糸の刺繍がキュート。

ミラーの飾り

カラフルな糸を巻いてつくってある飾りを吊るせば、一瞬にしてインドらしい雰囲気に。

カウベル

牛天国のインドだけど、カウベルをつけた牛ってあまり見たことがないような。

サイクルリクシャーTシャツ

インドならではのモチーフを使ったデザインに惹かれて。

つまみ

使うかどうか考える前にパーツとしての愛らしさに心奪われて購入。

ウールの手袋

ざっくりした編み目がかわいらしい手袋はステッチの色のバランスがツボ。

インドの味覚を味わい尽くす

さまざまな名物を試しては
大当たりに喜んだり、
口に合わなくてがっかりしたり、
ちょっとした賭けのようだった
おいしいものとの遭遇。

スパイスの妙に魅せられて

　インドといえばカレー、という先入観を捨てると、途端にインド料理の奥深さにはまってしまう。カレー粉なんてものはなく、一つひとつのスパイスを使用食材に合わせてその都度調合していくから、同じ料理でもお店によって味が異なり、いかようにも楽しめる。また、スパイスをふんだんに使うから辛くてどれも似たような味になるのではと思いきや、それほど辛くなく、素材の持つ良い面をスパイスがうまく引き立たせていることが多いというのは目からウロコだった。

　そしてインド料理と一口にいっても地域や民族、宗教によってとにかく多種多

普段のごはん

パロタ
南インドで忘れられなかったのは小麦粉でできた、パイのように何層にもなったもっちりふわふわの食感が魅力のパロタ。

マサラドーサ
米と豆の粉からつくるパリパリのクレープの中にジャガイモのスパイス炒めを包んだものだが、その大きさにびっくり。

電車の食事
移動中に温かい食事をゆったり食べられるという幸せ。乗車料金に食事込みのものと別料金でオーダーするものとがある。

テントゥク
チベット文化圏で食べられるほうとうのような平打ち麺、テントゥクはだしの効いたスープとたっぷりの具材がうれしい。

ターリー
北インドでは定食をターリーと呼ぶ。野菜のサブジ（おかず）に豆スープとヨーグルト、チャパティにライスが定番。

ツァンパ
大麦を炒って粉にしたチベット文化圏の主食となるもの。そのままで、バター茶を入れて練ってと、食べ方はいろいろ。

チャパティ
全粒粉を練り、平たくのばして焼いた無発酵のパン。北インドの家庭やレストランで食べられているポピュラーな主食。

ミールス
南では呼び名が変わり、お皿にはバナナの葉を。サンバル（スープカレー）とラッサム（すっぱいスープ）が欠かせない。

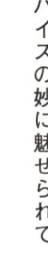

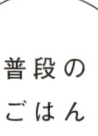

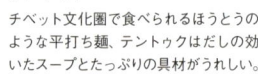

用。ただ大別すると小麦でできたチャパティやナンなどを主食とする北インド料理と、米を主食とする南インド料理に分けられる。両者の違いを知りたければ、たいていの食堂でメニューにある定食を頼むとわかりやすいだろう。呼び名も提供法も味つけも変わり、一度にいろいろな味を試すことができて、なおかつおかわり自由でお手頃価格というツーリストにはうれしい食事だ。

野菜が基準のインド食事情

宗教上の理由から肉を食べない人が多数を占めるインドでは、野菜のみを使ったベジ料理（菜食料理）が主流。そのため、肉・魚料理を食べたかったらノンベジと看板に掲げられたレストランを探す必要がある。しかし、聖地周辺では肉食を禁止しているところもあり、大手チェーンのピザショップですら肉を使ったメニューを扱わないほど。そんなときはベジ料理を堪能するか、それでも肉を食べたいというなら遠出をしてノンベジのレストランを探す、もしくは大都市に着いてからちょっと豪華なレストランでとびきりの肉料理をむさぼる日を夢見てやり過ごそう。

ときには ご馳走も

タンドリーチキン

串に刺した鶏肉をヨーグルトや塩、スパイスに漬け込んでタンドールと呼ばれる窯で焼き上げた代表的肉料理。

インドでフランス料理

フランス領だったポンディシェリーではお手頃価格でフレンチが食べられる。が、盛りつけの美しさは期待しないこと。

ハイティー

ダージリンでは芳醇なストレートティーで優雅なひとときを。クッキーやパコラ（野菜のフリッター）などの軽食と共に。

キーマカレー

キーマとはヒンディー語で「ひき肉」を指す。使用するのはたいてい羊肉で、スパイシーなテイストが病みつきになる。

チングリ（川エビ）

コルカタにきたなら一度は食べたいチングリの料理。体長15cmほどのこのエビは、食べ応えも味も大満足間違いなし。

変わり種にも果敢にチャレンジ！

好奇心なくしておいしい珍味との出会いはありえないから、興味を持ったらともかく食べるに限る。デリーの有名レストランKarim HotelsでいただけるBrain Curry（写真左）は濃厚な羊の脳みそがたまらないカレー。カリンポンの市場で見かけるキネマ（写真右）は見た目も味も納豆そのもの。煮込み料理にして食べると絶品。

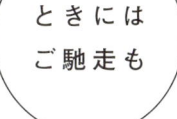

飲酒には少々の注意が必要

インドではお酒を飲むときにちょっと後ろめたい感覚がある。というのもアルコールをたしなむことが一般的ではなく、悪しき習慣と思われている節があるからだ。例えば酒屋にて。殺気立った目をした男たちのたむろする前を通りすぎてビールを買うと、中身がわからないよう商品は新聞にくるんで渡される。ツーリストの集まるレストランやバーでは普通に飲むことができるが、それでも女性の飲酒には冷ややかな視線を浴びせられることが多い。厳格なベジタリアンの多いグジャラート州では禁酒法を採用しているし（飲酒許可証を取得すれば飲むことができる）、そうでない州でも「ドライ・デー」というアルコールを販売しない日があるほど。価格もインドの物価を考えると決して安いとはいえない。

ただし比較的飲酒に寛容なゴア州やポンディシェリーでは酒税がかからないため安く手に入ったり、カフェやレストランで昼から気軽に飲めたりと、同じ国内でも飲酒を取り巻く環境はがらりと異なる。ともあれ、その時々の状況に応じてお酒とつきあおうという姿勢でいれば、ひとまず間違いはなさそうだ。

ドリンク

ティーポットでカムフラージュ
選挙中など、なんらかの理由でビールが出せないときに活躍するこんな提供方法。隠れて飲むビールは少々複雑な気分に。

ビール
もっともポピュラーなKingfisher以外にも、それぞれの州で個性的なビールが販売されているのでいろいろ試したくなる。

ラッシー
ミキサーに頼ることなく、壷にヨーグルトと砂糖、水を入れて棒で混ぜる古典的な作り方をするラッシー屋台も未だ健在。

チャイ
インドの国民的飲料チャイは、ダストと呼ばれる細かい茶葉をたっぷりのミルクと砂糖で煮出してこそ味わえるおいしさ。

マンゴージュース
さすがマンゴー生産量世界一のインド、マンゴージュースはどこでも買える飲み物。収穫時期には生ジュースも楽しめる。

コーヒー
南にいくとミルクたっぷりの甘いコーヒーを売るお店がちらほら。こんな風に高い位置から注ぐのを繰り返して泡立てる。

バター茶（グルグル・チャ）
黒茶にバターと塩を加えてよく撹拌したバター茶はラダックでよく飲まれている。お茶というよりスープのような味わい。

ワイン
近年注目を浴びつつあるインド産ワイン。ワイナリーを訪問すればぶどう畑や工場見学のほか、テイスティングもできる。

パンチの効いた軽食の数々

屋台の食べ歩きもインドでの大きな楽しみのひとつ。特に揚げ物の充実ぶりには目を見張る。一食分に相当するボリュームたっぷりのものもあれば、小腹を満たすのにちょうどいいサイズもあって、胃袋と相談してチョイスできるのがうれしい。しかしツーリスト向けにつくられているわけではないので、ときには思わぬ激辛な味つけに涙が止まらないこともあるから注意が必要だ。

インドならではのスイーツ、ミタイもぜひ試してみたいところ。しかし、これまた手加減なしの甘ったるさにノックアウトされることがある。しかしショーケースにずらりと並べられた色とりどりのミタイは見ていて飽きることがなく、思わず買いたくなる衝動に駆られる。

インドの軽食は個性と主張が強いため、好みのおいしい軽食と出会うためにはツーリストのクチコミをあてにするのが最良の方法かもしれない。

そしてもうひとつ、ツーリストに人気のカフェやおなじみのファストフード店に足を運べば、印洋折衷の不思議なメニューもあったりするのでそちらにもぜひチャレンジしたい。

おやつ
軽食

カバブ

イスラム教徒の多い地域で見られるカバブ屋台では、スパイシーなタレに漬かった羊や鶏の串焼きを堪能できる。

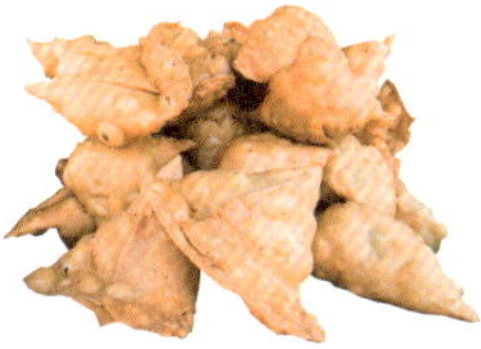

サモサ

スパイスで味つけしたジャガイモなどの野菜を皮で包み、三角形の形にして油で揚げたインドではおなじみのスナック。

ジャレービー

細長くしぼり出した生地を油で揚げ、シロップに漬けたこちらは屋台やカフェで人気の一品。目が覚めるほど強烈な甘さ。

Hello to the Queen

温めたバナナに砕いたクッキー、バニラアイス、チョコレートソースをかけた絶品スイーツ。ただし、名前の由来は不明。

マンゴー

インドの暑季の風物詩といえばマンゴー。日本にはほとんど輸入されていないインド産マンゴーは、美味の一言に尽きる。

ラダッキブレッド(タギ)

ラダックの朝食の定番、ラダッキブレッド。焼きたてにバターを塗ってほおばれば、小麦のほのかな甘さが口に広がる。

モモ

チベット版ギョウザのモモは蒸したり揚げたりして食べるのが一般的。中の具材は牛・鶏・豚・野菜などよりどりみどり。

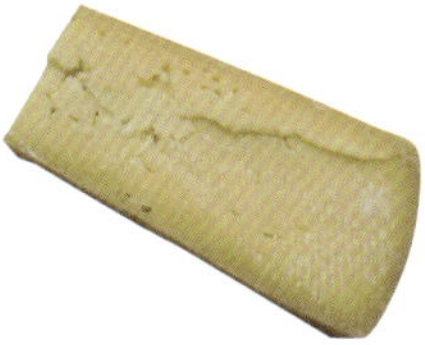

ヤクのチーズ

黒く長い毛を持つウシ科の動物、ヤクの乳でつくるチーズは、ほどよい硬さでクセもなく、そのままでもパンに挟んでも。

ハプニングの数だけタフになる

順調な旅を続けていればいるほど
災難が降りかかったときのショックは大きい。
でも、これまでの行動を振り返るための
通過儀礼だと思えば、たまには
ハプニングに出くわすのも
大事という気がするから不思議。

インドの洗礼は5日目に

!

インドでは必ずおなかを壊す——。それが当たり前のようにいわれているが、水や食事に気をつけていればまあ大丈夫だろうとたかをくくっていた。ところがインド到着5日目、ジャイプルの地で異変が起きた。宿に着いた途端、嘔吐と下痢に見舞われ、やっと収まったと思ったら今度は起き上がれなくなってしまった。当然ご飯も喉を通らず、結局丸二日をベッドの上で過ごす羽目に。

ああこれがインドの洗礼かと痛感しつつ、ひとつだけ納得いかなかったのが、普段はまず胃腸のトラブルとは無縁な自分が先にダウンしてしまったこと。日本でしばしばおなかを下す一方は至って元気で、同じものを食べていてもこんな結果になるのだからつくづくわからない。

!!

無断侵入して荷物に手をかけた疑惑

ちょっとでもうさん臭いと感じたら、いつも以上に気をつけるに越したことはない。

中継地として寄ったトリチーで、一泊だけだからとじっくり宿探しをせずにバスターミナル近くの一軒に決めた。そのときに感じた若干の居心地の悪さと、頼んでおいた仕事もせずに鼻歌混じりで握手を求めてくる調子のいいスタッフの態度。よくない印象が心に引っ掛かったので、いつものように荷物をしっかり南京錠で締め、その番号を覚えて外出。戻ってくると見事に番号が変わっていた。中身を確認するとなにも盗られてはいなかったので単に触っただけかもしれないが、勝手に部屋に入ったというのが気にくわない。抗議するも、知らないの一点張りだったのがますます腹立たしい。

ちなみに、いじられた巾着型バックパックに施していた防犯対策は、紐の通っているところにさらにチェーンを追加して南京錠を掛けるというもの。もちろんこれで万全とはいえないが、開けるのが面倒くさそうだと思わせればしめたもの、多少の抑止力は発揮できるだろう。また、多少の煩わしさは感じても、部屋を出るときはバッグの施錠を欠かさない、ベッドなど大型の家具にくくりつけておくなど、できる範囲で防犯対策を徹底しておけばなにかあってもあきらめがつくはず。

肌の大敵、日差し・乾燥・ガンジス川?

!!!

ギラギラ照りつける太陽の下を出歩くから、日焼け止めクリームを塗るのは忘れない。また、直射日光の当たらない部分もちゃんと保湿しておかないと後で痛い目を見る。空気が乾燥しているため、かかとはひび割れて歩く度に痛みを感じ、こうなってから慌ててクリームを塗ってもなかなかよくならない。その度にちゃんとしておけばと反省して入念に手入れをするものの、治ってしまえばそんなことはすっかり頭から消え、を繰り返す日々が続いた。

さて、酷暑季真っ只中のヴァラナシでは日焼け止めクリームを塗ってもすぐに汗で流れ、強烈な日差しは突き刺すように照りつけ、これまででもっとも肌へのダメージが大きかった。ある朝、鏡を見てびっくり。両まぶたがまともに開けられないほど腫れている。思い当たる節はまったくないが、早く治したい一心で近所の薬屋に駆け込む。考えられる原因を尋ねてみると「たぶん……、汗と日差しと、ガンジスの水のせいだね!」川の水に触れてもいないのに? 強力な菌が蒸発して空中に舞っているとでも? ガンジス川にダイブした一方がピンピンしているからそれはないだろうといぶかると、まあそんなもんさといいたげな表情でおじさんは塗り薬を手渡してきた。

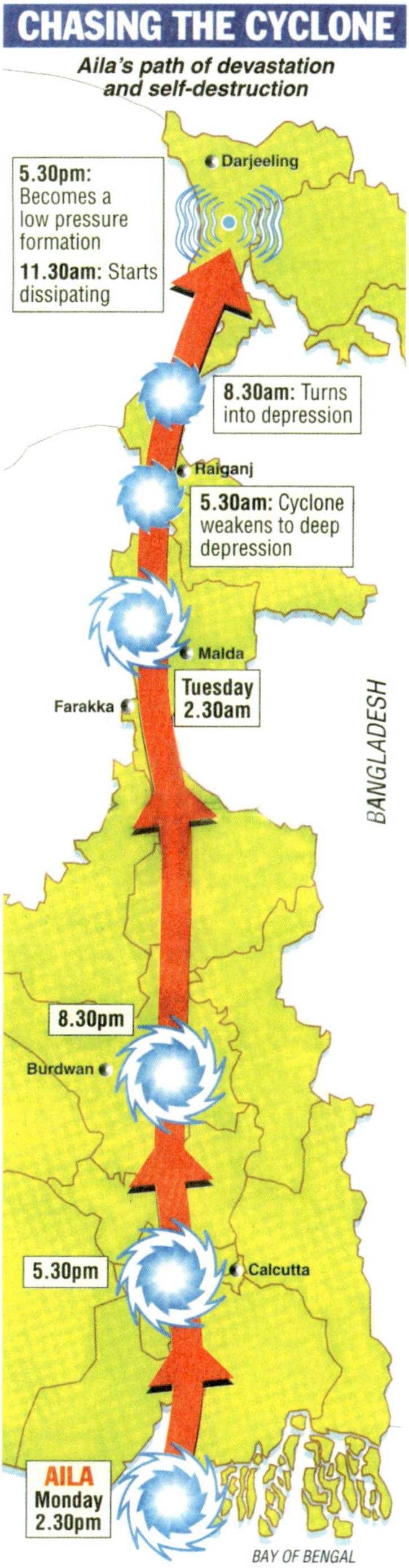

サイクロンで立ち往生

久々の過ごしやすい気候に穏やかな雰囲気、やさしい味わいのネパールやチベット料理においしい紅茶。ここを離れる理由が思いつかないほど気に入ったので、いつもよりのんびり滞在したダージリンの街。さあそろそろ出ようかと話していた矢先にサイクロンAilaがインド東部を直撃。バケツをひっくり返したような豪雨のために道路は冠水、店は臨時休業でシャッターを降ろしているところが多く、ひとまず様子見のためにもう一泊することにした。

翌朝、雨が上がったのでさあ移動と思ったらあちこちで土砂崩れが発生し、道路がふさがっていて乗合ジープは軒並み運休だという。昨夜からの停電も復旧する気配はないからと、巡回がてら街の付近を歩いてみると、数日前に楽しんだトイトレインの線路が土砂に埋まり、がけ崩れで民家が押し流されている。新聞によるとダージリンに到達する前にサイクロンは消滅したようだが、それでもこれほどの大きな被害が。こういう状況でも特に困った顔をせず、仕方ないよと黙々と復旧作業に勤しむ人たちを見ていると、あくせくするだけ無駄という気がしてくる。そして次の日、迂回ルートでようやく移動することができた。

!!!!

咳が止まらず、薬は効かず

厳しい暑さと乾燥の続く4月、どういう訳か夜になると止まらなくなる咳に悩まされていた。風邪でも引いたのだろうと持参した薬を飲んだが治らない。インドで買った薬のほうが効果があるかもと思って薬を買ってみたものの、良くなるどころか日中も咳が出るようになってますます悪化。もしかして病院にいったほうが……？という考えも頭をよぎったが、排気ガスの充満した街を脱出すると治る場合もあるという話を耳にしたので、大都市ムンバイを離れることにした。念のため、薬局でアーユルヴェーダ由来の喉に効くシロップを購入して、ゴアのビーチでのんびり過ごす日々を送っていたら、いつの間にか咳なんて出なくなっていた。その後、シロップは一度の出番もなくバックパックの奥底に仕舞われたままとなった。

!!!!!

あとがき

インドほど旅のしがいのある国はないと、しみじみ感じる。

たったひとつの国なのに、地域によって言葉も習慣も風景も見事に異なり、そこには生と死、喧騒と静寂といった正反対のものが同居し、共存している。ただ、振り幅が非常に大きく、その範囲には無数の生き様があり人間模様がある。積極的におもしろいものはないかと探さなくたって、いつも向こうから刺激がやってくるのでとにかく退屈する暇がなかった。毎日なにかに驚き、感動し、充実した時間を過ごして満足し、くたくたになって眠りにつくというサイクルは、どれほど幸せなことなのだろう。

そして、なにをするにもいちいち時間と手間が掛かることも、今となってはおもしろかった。現地の人との触れ合いは、自ら進んで関わりを持つことで得られる場合が多い。こういった「いちいち」感を楽しむことも、旅をしているというリアリティを強く抱かせる事柄のひとつだ。

ただし、うっかりぼんやりしていると痛い目に遭わされる。ぼったくられたり、うっとうしい人につきまとわれたり、まるで「しっかりしろよ、こんなこともあるぞ」と注意を促すかのごとく、日本ではあまり味わうことのない体験もたっぷり準備してあった。そんなインドでの日々はなにかと刺激が強くて、いつの間にか身も心もタフになっていた。

それなのに帰国後に会った友人たちからは口々にこういわれた。「あれ？　本当にインドにいってたの？」

5カ月近くもインドにいっていたのに、外見上は出発前となんら変わらないのが信じられなかったらしい。カオスの見本ともいうべき国にもまれて染められて、なにかを悟ったような顔をして帰ってくると思っていたのかもしれない。

さすがに人生観が覆される大きな出来事に出くわした、なんてことはなかったが、心の中にはインドに対する興味と感心がより深く根づいたみたいだ。強烈なパワーに満ちた覚醒の国、インド。そのくせ妙に心地良く酔いしれることのできる瞬間も用意してあるのだから、本当にまいってしまう。そういえばペリヤールでガイドをお願いしたガネーシュがいっていたっけ。「インドはなにもかもが極端でクレイジー。だからおもしろいんだよ」。まったく、その通りだ。

そんな一筋縄ではいかないインドを142日間掛けて心ゆくまで満喫できたことは、この上ない幸運な巡り合わせだった。

もうひとつ幸運だったのは、この本をつくるにあたってお世話になったブルース・インターアクションズの岩崎梓さんとの出会い、そしてふたたびアート・ディレクションをお願いすることになった漆原悠一くんといっしょに制作できたこと。こちらの漠然とした要望を汲んで形にしていくために労力を惜しまなかったおふたりには、感謝の言葉しか出てこない。またサイトを覗いてくださった方々の存在も大いなる励みになった。

最後に、この中に興味のそそられるものがひとつでも見つかり、そこからじわじわとインドホリックになる人が増殖することを願って。

参考文献

【書籍】
ロンリープラネットの自由旅行ガイド インド／メディアファクトリー
地球の歩き方 インド 2008-2009／地球の歩き方編集室／ダイヤモンド社
インド建築案内／神谷武夫（著・写真）／TOTO出版
ル・コルビュジエのインド／北田 英治（写真）／彰国社
ル・コルビュジエ—建築・家具・人間・旅の全記録／エクスナレッジ
ラダックの風息／山本高樹（著）／P-Vine Books
Holiday Resorts of Himachal Pradesh／NEST & WINGS

【Web】
風の旅行社 http://www.kaze-travel.co.jp/
西遊旅行 http://www.saiyu.co.jp/
ダライ・ラマ法王庁 公式サイト http://www.dalailama.com/
OFFICIAL WEBSITE OF DISTRICT LEH（LADAKH） http://leh.nic.in/
Reality Tours and Travel http://www.realitytoursandtravel.com/
Sula Wines http://sulawines.com/
神谷武夫とインドの建築 http://www.kamit.jp/
Days in Ladakh http://ymtk.jp/ladakh/

【映画】
落下の王国／ワーナー・ホーム・ビデオ

インドホリック インド一周142日間
初版発行 2010年7月31日／2刷発行 2012年4月30日

著者
旅音（林 澄里・林 加奈子）

アートディレクション・デザイン
漆原悠一（tento）

発行者
近藤正司

発行元
株式会社スペースシャワーネットワーク
東京都港区六本木3-16-35 イースト六本木ビル
編集 tel 03-6234-1222／fax 03-6234-1223
営業 tel 03-6234-1220／fax 03-6234-1221
http://p-vine-books.com

印刷・製本
日経印刷

ISBN978-4-906700-36-3
printed in japan

Special Thanks : 株式会社リコー／アドビ システムズ 株式会社／Reality Tours and Travel／仲 厚・香